健康ライブラリー
スペシャル

本田秀夫
[児童精神科医]

にじいろ子育て

ひとりひとりの個性を大事にする

講談社

ひとりひとりの個性を大事にする

にじいろ子育て

はじめに

個性を大事にするための「にじいろ子育て」とは

この本は、子どもの精神科医として30年近く診療しながら、折に触れ考えてきたことを書き綴ったエッセイ集です。

この本で大事にしているのは、個性的な子育てです。「十人十色」という言葉があります。人が十人いれば、個性も十あるということです。もちろん、これは子どもにも当てはまります。子どもたちは、ひとりひとりが個性的です。親にも個性がありますね。ならば、育て方も、子どもと親の個性に応じていろいろなやり方があってよいのではないでしょうか。本のタイトルの「にじいろ」には、個性に応じたさまざまな色の子育てがあるというメッセージが込められています。

「個性」といっても、それは必ずしも優れた特徴のことを指しているというわけではありません。子どもにはそれぞれに得意なこと、苦手なことがあります。そのひとつひとつが、子どもの個性です。

「スポーツ万能」「歌が上手」など、多くの人に評価される個性もあれば、「時間が守れない」「勉強が苦手」といった、短所のように見える個性もあります。

世の中では優れた特徴だけが評価されがちですが、じつは短所に見える部分も、見方を変えれば長所として評価できる場合があります。たとえば「時間が守れない」子は「集中力が人並みはずれている」ことがあったりします。

この本では、そのように柔軟な視点で、子どものさまざまな特徴を個性としてポジティブにとらえ、楽しく無理なく子育てをしていくためのヒントを紹介します。

「子どもの個性を大切に」とは言いましたが、子育てでは、そこまで自由にできないこともあるでしょう。すべての子どもが身につけておきたいこと、すべての親が子育ての中でやるべきではないことも、いくつかはあります。

物事には、普遍的な要素と個別的な要素が必ずあるものです。子育てでも、普遍的にみんなが知っておきたいことややっておきたいことと、それぞれの個性に応じた個別的なことと、両方のバランスが必要だと思います。

最近は子育てや教育に関する情報が書籍やインターネットを通じてたくさん得られるようになりました。でも、その情報の多くは「どんな子どもでもこのように育てるとよい」という書き方になっているように思います。普遍的というより、画一的という表現のほうが正確かもしれません。それを読んだ親たちが、自分の子どもの個性と本当は合っていないかもしれないのに、本に書かれていたやり方を無理に押しつけようとすると、その子にとっては苦痛となり、心の健康を損ねてしまうかもしれません。実際、そのような理由で心に問題を抱えて受診してきた子どもを、僕はたくさん診てきました。

親たちは日々の生活に追われ、子どもたちは親の言うことをなかなか聞いてくれません。核家族化、少子化が進んだ現代では、子育てについて相談できる相手がそんなにたくさんいるわけでもありません。そんな親たちが、「こうすればうまくいく」と書かれたマニュアルを求める気持ちはよくわかります。だからこそ、そのような本は、画一的な子育てを助長するような内容であってはいけないと思います。普遍的なことだけでなく、それぞれの個性に応じた育て方が必要であることも、しっかりと述べられている必要があるのだと思います。

これは、家庭での子育てだけでなく、幼児教育や学校教育にも当てはまります。

高校以降の教育では、個々の生徒の学力や興味に応じて、さまざまな選択肢があります。でも義務教育の期間の教育では、子どもには選択肢がほとんど与えられていません。昔に比べて今の学校では、共通のカリキュラムをすべての子どもに対してやり遂げるということに、ずいぶん比重が置かれるようになったように思います。その反面、先生たちは自分たちのノルマをこなすのに懸命で、ひとりひとりの子どもがカリキュラムにどの程度合っているのかをじっくり考える余裕がなくなってきているようにも思えるのです。義務教育ですのですべての子どもに教えておきたい内容があるのは当然ですが、子どもの個性によって教え方やペース配分を変えていくことも大事です。

この本には、子育てや教育で、すべての親、すべての先生たちが大切にしてもらいたい普遍的なことも書かれています。それと同時に、あるいはそれ以上に、子どもの個性をしっかりとらえることの大切さや、個性に応じたオーダーメイドの子育てや教育を目指していくための考え方を強調しています。

すべての人たちに共通の普遍的なことの多くは、心の健康に関することです。なるべく多くの子どもたちが、たとえ悩み事や心配事があってもなんとかそれを乗り越えて生きていけるように育っていってほしいものです。こういうと、「強い心を鍛えて育てる」という印象をもつ方がいるかもしれませんが、けっしてそういうことではありません。むしろ、いやなことやつらいことを抱え込まずに人に相談しながら、強くというよりも柔軟にさまざまなことに対処できるほうが健康的です。そのような心を育てるには、身近に信頼できる人がいて、いつでも相談に乗ってもらえる、という安心感が必要です。また、何かをやろうと思うモチベーションや、やろうと思ったことに対する意欲も必要です。この本では、そのような安心感、モチベーション、意欲を育てるための環境づくりや接し方についても述べています。

そして、この本の最大の特徴は、個性を最大限に活かして育てるために必要なことに多くのページを割いていることです。そのためには、ひとりひとりの子どもの好きなこと、嫌いなこと、得意なこと、苦手なことを、色眼鏡なしでよく知る必要があります。子育てにおいても、親や先生の希望や期待を押しつけず、子どもの個性に合わせて「遊び」や「接し方」「相談の仕方」「ほめ方」などを見直していくことが重要です。

この本を通じて、子どもの個性の多様さを紹介し、ときに事例を交えながら個性的な子育てについて、読者の皆さんといっしょに考えていければと思います。

ひとりひとりの個性を大事にする
にじいろ子育て

CONTENTS

目次

CHAPTER 1
よく遊ぶことで、個性の芽が出る

CHAPTER 2

個性の芽がぐんぐん育つ接し方

045

CHAPTER 3

個性とともに育てたい「相談力」

CHAPTER 4

親も自分の個性を大切に、自然体で

091

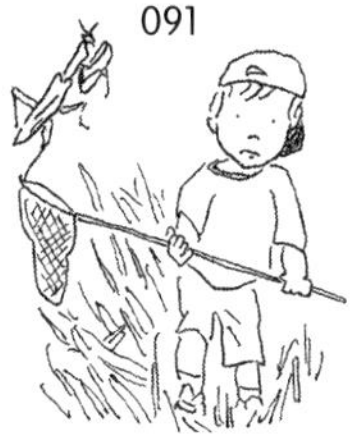

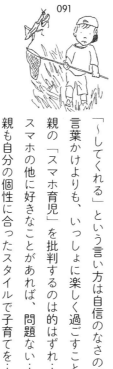

CHAPTER 5
個性を輝かせるほめ方・叱り方

111

CHAPTER 6

やる気が育てば個性はさらに伸びる

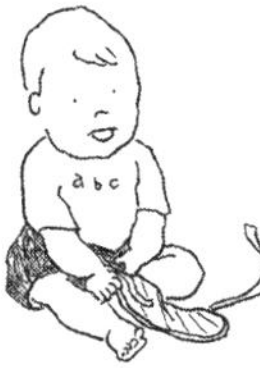

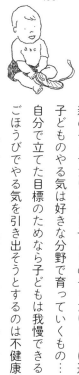

CHAPTER 1

よく遊ぶことで、個性の芽が出る

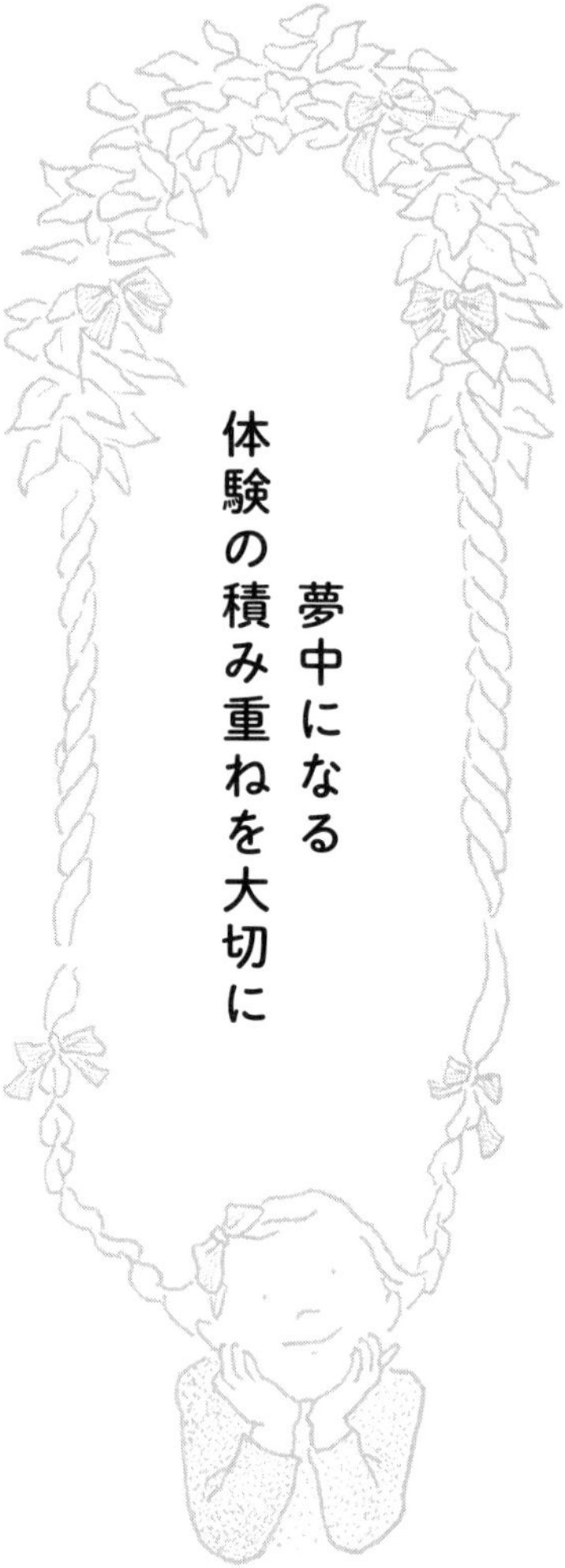

夢中になる体験の積み重ねを大切に

外出先の歩道でのこと。3歳くらいの女の子を連れた夫婦が前を歩いていた。夫婦は話しながら並んで歩き、女の子は母親に手を引かれていた。その歩道には、正方形のタイルが規則的に敷き詰められていた。女の子は約5メートルごとに歩道の端に出てくる色の違うタイルを踏んで歩くと決めたらしい。その色のタイルのところに来ると、必ず片足でチョンとそのタイルを踏むのである。母親は前を向いてゆっくり歩いていたのだが、やがてわずかずつ進路が歩道の端から離れてきた。女の子がその色のタイルを踏もうとするときに、母親の手を引っ張らないとタイルに足が届かなくなった。

ついに足がタイルに届かなくなり、女の子は母親の手を振りほどこうとした。しかし、母親は手を放すことを許さなかった。女の子は母親の手を強く引っ張りながらその場に立ち止まり、今や1メートルほど後方になってしまったタイルを振り返って見ていた。すると母親は、女の子のほうを振り返り、「ほら、行くよ」と言って再び前を向き、女の子の手を軽く引っ張った。女の子は残念そうに後ろを振り返りながら歩き始めた。幸いなことに数歩先には再びその色のタイルがあり、二人の歩くコースも歩道の端寄りに戻ったため、女の子はその色のタイルを片足で踏みながら歩くことを再開できた。

この親子連れが歩道を歩いていたのはほんの数分である。そんなわずかな間でも、子どもは何かに対して熱中することがある。たとえ大人から見て何の価値もないことであっても、無邪気に夢中になれるというのは子どもにとって重要なことだ。大きくなってから何か打ち込めるものを見つけることができるためには、小さな子どものころから身のまわりのちょっとしたことに夢中になるという体験を積み重ねていくことが必要である。

もうひとつ。子どもが何かに夢中になっているとき、それを親に温かく見守られながら行うことができると、親子の信頼関係が強まる。この女の子の場合、同じ色のタイルを必ず踏むと決めていたことに、母親は気づいていなかったのだと思う。母親はずっと父親と話しながら前を向いて歩いていたので、気づかなかったとしても仕方ない。でも、女の子が立ち止まったとき、「どうしたの？」と立ち止まった理由をたずねれば、タイルを踏むことに熱中していることがわかったかもしれない。常に監視する必要はないが、子どもが何かに夢中になっている瞬間をキャッチする機会はなるべく多く持ちたいものだ。

「よく学び、よく遊べ」は子育ての本質

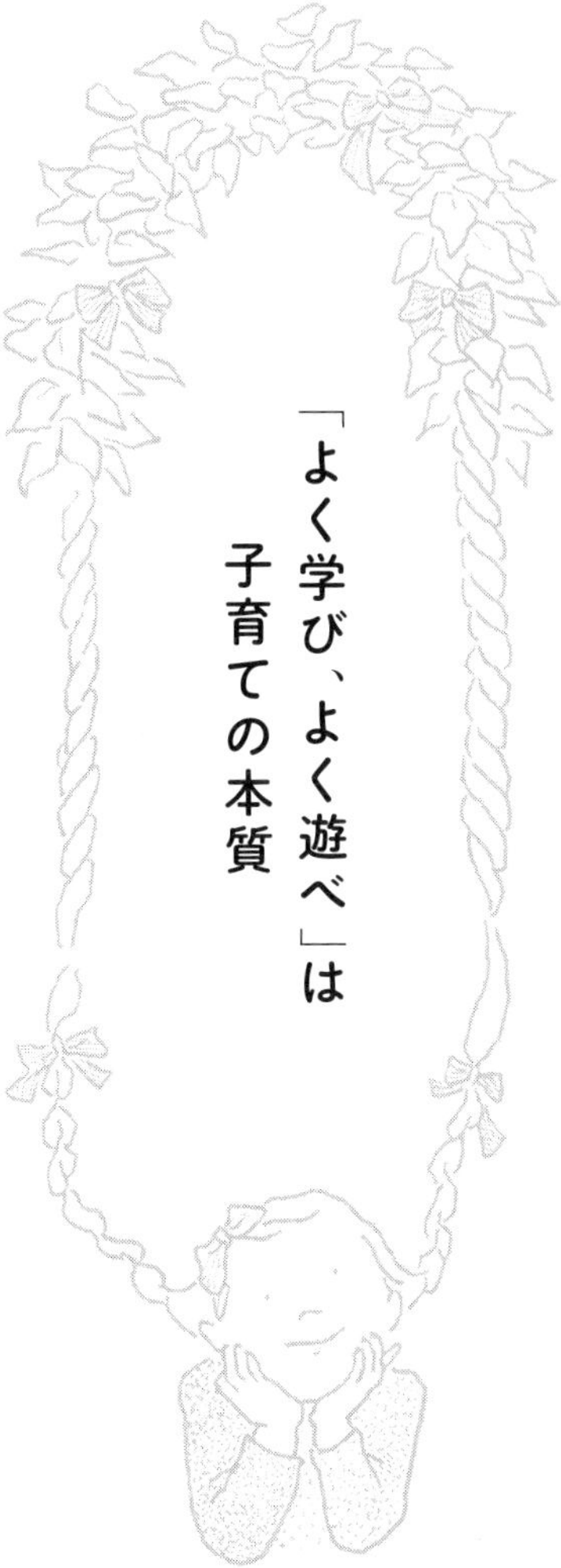

「よく学び、よく遊べ」という言葉が、最近では死語になりつつある気がする。皆さんは自分の子どもたちに言ったことはあるだろうか？　「遊んでばかりいないで勉強しろ」というせりふならいつも言っている、という人が多いかもしれない。

遊びとは、それ自体が楽しいこと、それをすることこそが最大の目的であり、損得勘定を度外視できることである。「ゴルフは健康にいいスポーツだ」と語るゴル

フ愛好家が太っていると、「健康にいいと言うわりには……」と批判したくなる。でも、健康によかろうが悪かろうが、ゴルフは楽しければそれでいい。それが、遊びの本質だ。健康的に仕事をしている大人は、必ずバランスよく遊んでいる。仕事だけだと燃え尽きてしまう。そもそも、お金を得て遊ぶというのは仕事をする最大の動機のひとつだ。遊びのない大人は、ちょっとしたきっかけで仕事への意欲、ひいては生きる意欲が低下しやすくなる。遊びは、生きていくうえではなくてはならないものだ。

一方、子どもは勉強より遊びに比重が大きく傾きやすい。とくにゲームやインターネットに没頭する子どもを、大人は快く思わない。遊び過ぎの子どもに「よく遊べ」などと言う気にはなれない。「勉強しろ」とだけ言えば十分だ、という大人の言い分は、わからなくもない。大人たちが子どもに求めるのは、「よく学び、ちょっと休め」くらいの感覚かもしれない。本来やるべきことは勉強であり、遊びは控えてちょっと休む程度でよいだろうということだ。

ところが、今の子どもたちは、大人が思っているほど十分には遊んでいない。大人がいい顔をしないと、何となく後ろめたさがあるので、遊んでいても心から楽しいとは思えず、いくら遊んでも満たされない。僕の外来には、学校にせよ友達付き合いにせよ、いろいろなことを頑張り過ぎて疲れてしまい、意欲が低下してしまった子どもがよく訪れる。そのような子どもたちに「ゆっくり休むように」と助言すると、「どれだけ休んでも疲れがとれない」と言う。「休むだけでは足りない。思いっきり遊ぶ必要がある」と言うと、今度は「遊んでもいいの？」と驚かれる。このような子どもは、遊びに対して後ろめたさがあり、心から楽しめてはいない。

心から楽しく遊ばないと、学ぶこと、働くことにも意欲がわかない。中途半端な遊び方だと、時間だけは長くダラダラと遊ぶが満足できない。「よく学び、よく遊べ」のスローガンは、今のような時代こそ必要かもしれない。

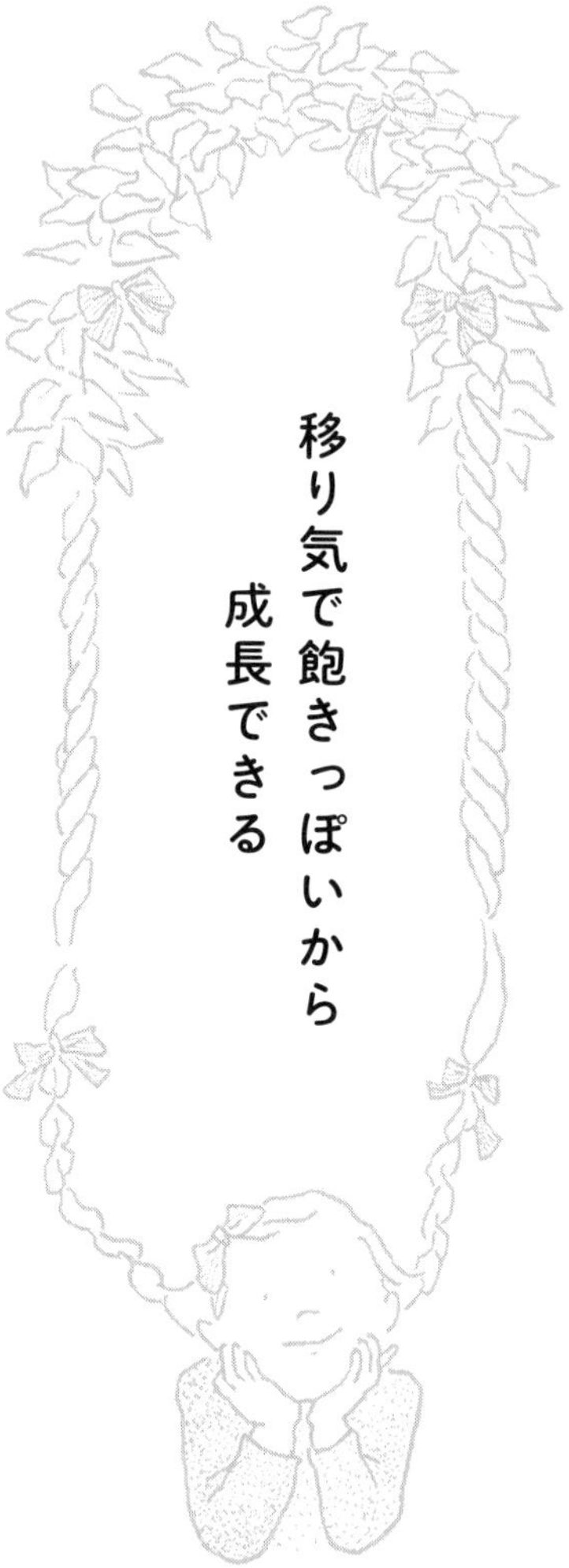

移り気で飽きっぽいから成長できる

何かを始めたけれど三日坊主で終わったという経験は、誰にでもある。大人でさえ三日しか持たないのに、子どものほうがそれより長く頑張れるなどということは、あり得ない。子どもは移り気で、飽きっぽい。「宿題を毎日やる」「出したものは片付ける」などの目標を頑張りきれないのはもちろんのこと、遊びでも「面白そう」と思ってやり始めても、すぐに飽きてしまう。子どもが希望したから始めた習い事なのに、しばらくして「やめたい」と言われ、「自分からやりたいと言ったのに……」と親が苦言を呈した、という経験をしたことのある方もいると思う。

でも、子どもの移り気や飽きっぽさは、じつは成長にとって必要なことである。移り気だからこそ、いろんなことに興味を持ち、やってみようと思うのだ。小さいうちからひとつのことにじっくりと取り組み過ぎると、他のことを経験するチャンスがなくなってしまう。大事なのは、いったん興味を持ったら短時間でもいいから思う存分熱中することである。太く短くパーッと熱中して、堪能したらさっと飽きて次に移ったってかまわない。そうやって、子どもはさまざまなことを経験し、身につけていくのだ。その中からどれを続け、どれをやめるかを徐々に取捨選択していくのが、成長なのである。

親や教師からのプレッシャーが過剰に強いと、自分の興味に素直に向かえず、熱中しきれない。「やれ」と強く言われると自分がやっている気がしないし、何かに興味を持っても「やるな」と強く言われると、「本当はこんなことばかりやっていてはいけない」といつも心のどこかで感じてしまい集中できず、やり遂げて飽きるという経験ができない。そのような子どもは、何事も中途半端になってしまい、大人になってもなかなか自信が持てない。

何かひとつのことに打ち込んでほしいが、打ち込むものは親から見て価値のあるものであってほしい。これが親の気持ち。でも、親から見てつまらないものであっても熱中することが大事だし、親から見て大事なことでもいったん堪能したと思ったら、さっと飽きて他に気持ちが移ることも、子どもの成長には必要。子どもの興味は、「熱しやすく冷めやすい」というくらいがちょうどよいのである。

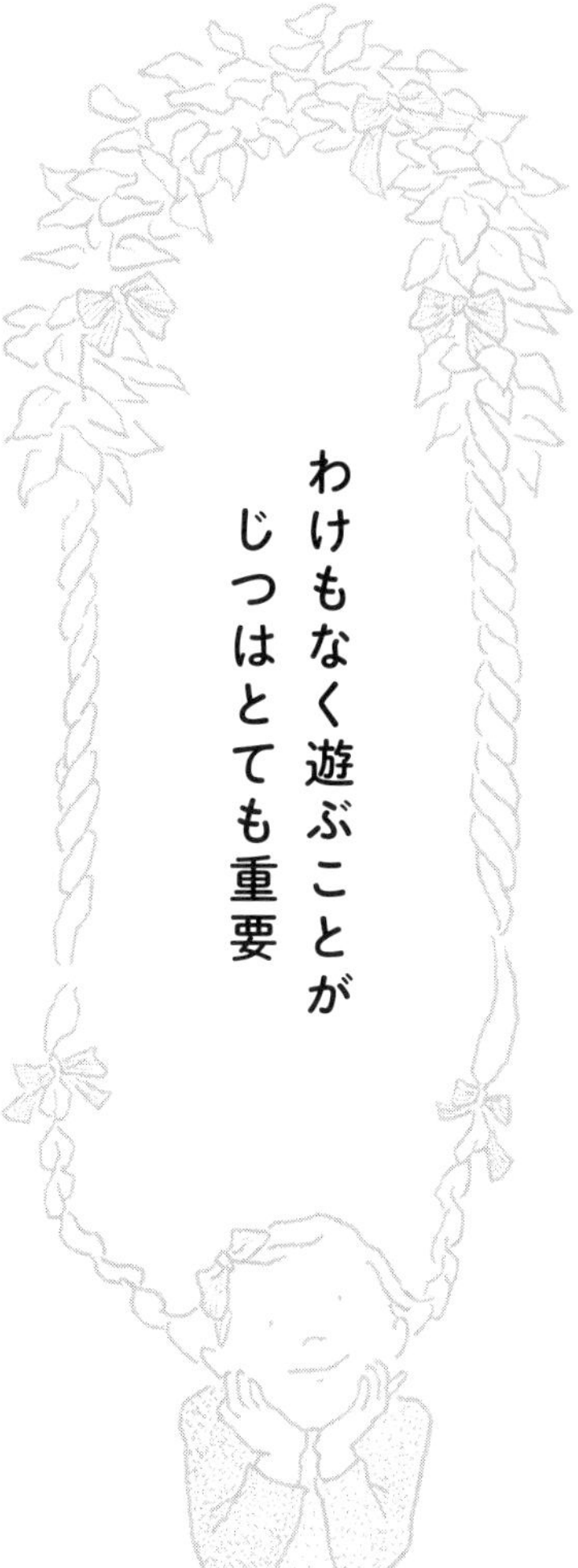

わけもなく遊ぶことが じつはとても重要

僕は、「ウルトラマン」や「仮面ライダー」の初回放送を幼児期～学童期にリアルタイムで見た世代である。あまりにも熱中していた僕に、あるとき母が「ウルトラマンは、何かのためになるの？」と聞いてきた。それに答えないと番組を見させてもらえないのではないかと思った僕は、何の役に立つのかを懸命に考え、「世界の平和について学べる」などとしどろもどろに答えた記憶がある。今なら、ゲームやインターネットで同様の攻防を繰り広げている家庭がありそうだ。

遊びは人格形成の重要な要素であり、子ども時代に思う存分遊んだ体験はその人の成長に大きく影響する、とみんなが思っている。しかし、遊んでばかりの子どもは叱られる。遊びなら何でもよいというわけでもない。野原で走り回る子どもには目を細めても、子どもの夜遊びに眉をひそめる大人は多い。

心理学の本をひもとくと、「遊びとは、何かの目的のための手段として行う活動ではなく、それをすること自体が目的であるような活動である」などと書かれている。それをやること自体が楽しいことを、「自分にとってためになる」「人の役に立つ」などと余計なことを考えずにただ無心でやるのが遊びである。大人だって遊ぶことが好きだが、遊んでばかりではいけないと感じるのは、それが生産や社会貢献などにつながらない、浪費や自己中心的活動であるというニュアンスもあるからだ。

でも、「それをすること自体が目的」という基準で遊びとそれ以外の活動を分けるとすると、よく考えてみるとすべての活動の究極の目的は「遊ぶこと」になる。人の役に立つことを目的に働くと、その結果として役に立ったと思ってもらえた相手から報酬を得る。得た報酬で何をするかというと、遊ぶのである。おいしいものを食べたりおしゃれを楽しむための服を買ったりすることは、まさにそれをすることと自体が目的という意味で、遊びなのだ。より楽しく遊ぶためには、よりよい仕事をすればよい。あるいは、仕事そのものが楽しいという人の場合、仕事が遊びなのである。

「遊んでばかりいないで勉強しなさい」というのは子育てで最もよく使われる言葉のひとつだが、この言葉によって子どもが「遊びはいけないこと」という価値観を植えつけられてしまうと、活動力の乏しい人に育ってしまうかもしれない。学ぶこと自体も遊びになるくらいのことでないと、人間は本当には学べない。

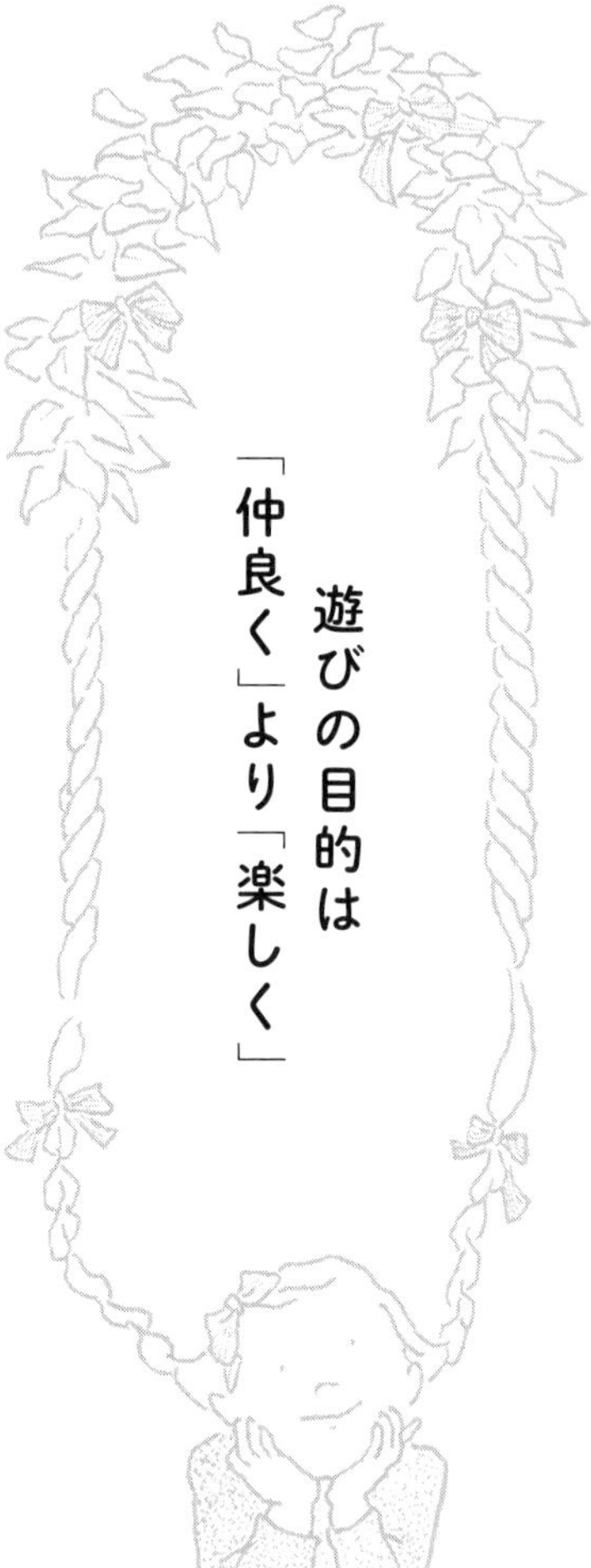

遊びの目的は「仲良く」より「楽しく」

人が何かをするときには、活動内容そのものが主になる場合と対人関係が主になる場合がある。映画を見に行くという状況で考えてみよう。映画を見ること自体が目的という人もいる。一方、「○○さんといっしょに何かしたい」というのが本当の目的であり、映画はその手段に過ぎないという人もいる。後者の場合、どの映画を見るかは重要ではない。そもそも映画でなくてもよい。活動内容と対人関係のどちらを主にするかは状況によってさまざまだ。

大人の社会では、活動内容が主であるように見えるものが大半を占める。仲良くなりたいなど対人関係が主たる目的の場合でも、多くの人は、一見活動そのものが目的であるふりをする。「見たい映画がある」と言いながら、じつは好きな人といっしょに出かける口実に過ぎないというのは、身に覚えがある人も多いだろう。「あなたとデートしたいから、その手段としてこの映画を選びました」と明言することは、まずない。「仲良くなる」あるいは「仲良くする」ということを主目的にした活動は意外に少ないし、難しい。

子育てでは、親は子どもに「ママゴトして遊びなさい」などと言うよりも「友達と仲良くしなさい」と言うことのほうが多い。遊びの内容より、「仲良くする」という対人関係を求めたがるのだ。一方、子どもたちにとっては、活動の主目的は圧倒的に活動内容だ。誰かと仲良くするために遊ぶのではなく、ただ遊びたいから遊ぶことのほうが多い。いっしょに遊んでみて、気が合えば仲良くするが、仲良くできないこともある。「仲良くする」というのは、結果であって目的ではない。子どもだって性格はさまざまだから、気の合う人ばかりとは限らない。気が合わない相手なのに「仲良くしなさい」と言われても、どうすれば仲良くできるのかわからない。子どもにはまだ酷な話だ。

対人関係が明確に主目的となる活動がひとつだけある。それは、けんかだ。大人でも子どもでも、けんかは簡単にできる。でも、仲良くすることを主目的とした活動は、大人でさえ難しいのに、子どもにうまくできるわけがない。「けんかせず仲良くしなさい」という指示は、子どもにとって最も抽象的で難しい課題なのだ。子どものうちは、対人関係を主目的とした活動よりも、何かを楽しむこと自体を主目的とした活動をたくさん経験することが、最も大事だと思う。その結果として、誰か一部の子どもと気が合えば仲良くすればよい。子ども同士の対人関係は、その程度で十分だ。

幼児期は手伝いも遊び感覚でかまわない

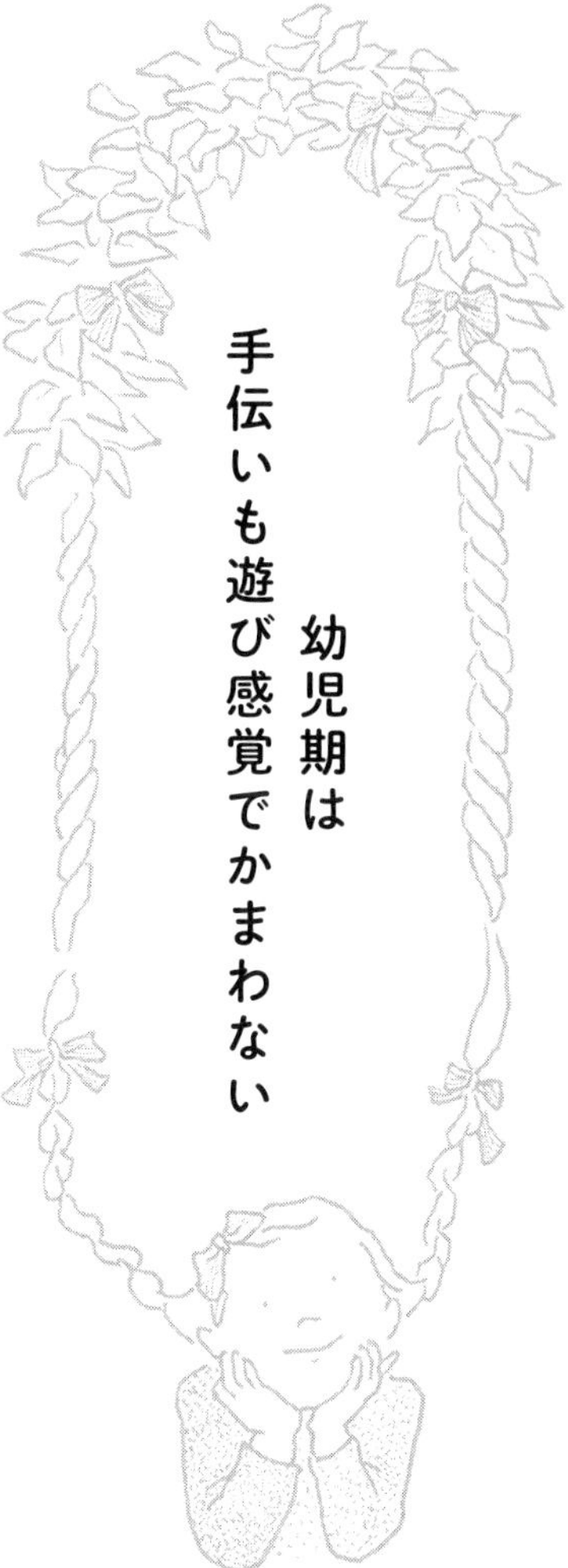

幼児期の子どもは、何かをまねすることが大好きだ。ママゴトで母親のまねをしてみたり、電車ごっこで運転手や車掌のまねをしてみたり。この時期の子どもたちにとって、本格的なまねのできる最大のチャンスは、家の仕事の手伝いだ。何しろごっこ遊びと違って、大人と同じことを本物の道具を使ってできるのだ。手伝いは、幼児期の子どもにとって最も魅力的な遊びのひとつといえる。

幼児期の家事の手伝いは、子育てにおいても意味がある。子どもが将来生きていくために必要な力を身につけるだけでなく、親子がいっしょに活動することによって、親子間の愛着、信頼、安心感の形成を促進し、情緒豊かなパーソナリティーを形成する土台づくりにもなる。

近年、子どもが家の仕事を手伝っていない家庭が増えている気がする。親たちは、子どもが手伝うことをわずらわしいと思うのかもしれない。家事の手伝いをさせる暇があったら教科の勉強をさせたいと思っている親も多い。子どもが教育を受ける権利の保障や経済的搾取の予防などの観点から、子どもに労働を強いることは国際条約で禁止されている。しかし、国際条約でも子どもが家事を手伝うことまでは禁じていない。むしろ家事の手伝いは当然行われているという前提のもとで、それ以上の過剰な強制労働を禁じ、読み書きや計算などを教わる機会を保障するということなのだ。

今のわが国で見られているのは、子どもたちが家事を教わる機会がないままで教科の勉強だけがどんどん進められているような本末転倒の事態だ。加えて近年では、子どもたちがゲームやインターネットに多くの時間を費やすようになり、学年が上がれば上がるほど、子どもたちが現実生活から遠ざかっている。このような時代だからこそ、子どもに手伝いの機会を保障する必要があるように思う。

もちろんまだ子どもなので、はじめはやる気満々でも、すぐに飽きて遊び始めてしまう。あるいは本人は真面目にやっているつもりでも、たいして役には立たず、かえって足手まといになる。それでも全くかまわない。この時期の手伝いは、子どもを労働力として使うことが目的なのではなく、少し背伸びして大人の世界を垣間見る体験をさせることと、親子の安定した関係を形成することが目的なのだから。そのような目的を達成するためには、手伝いは子どもがやりたがるものに限定し、やったら必ずほめる、途中で飽きてやめてもそれ以上は強要しない、という態度で接することが重要だ。

子どもが旅行を楽しめるのは何歳から?

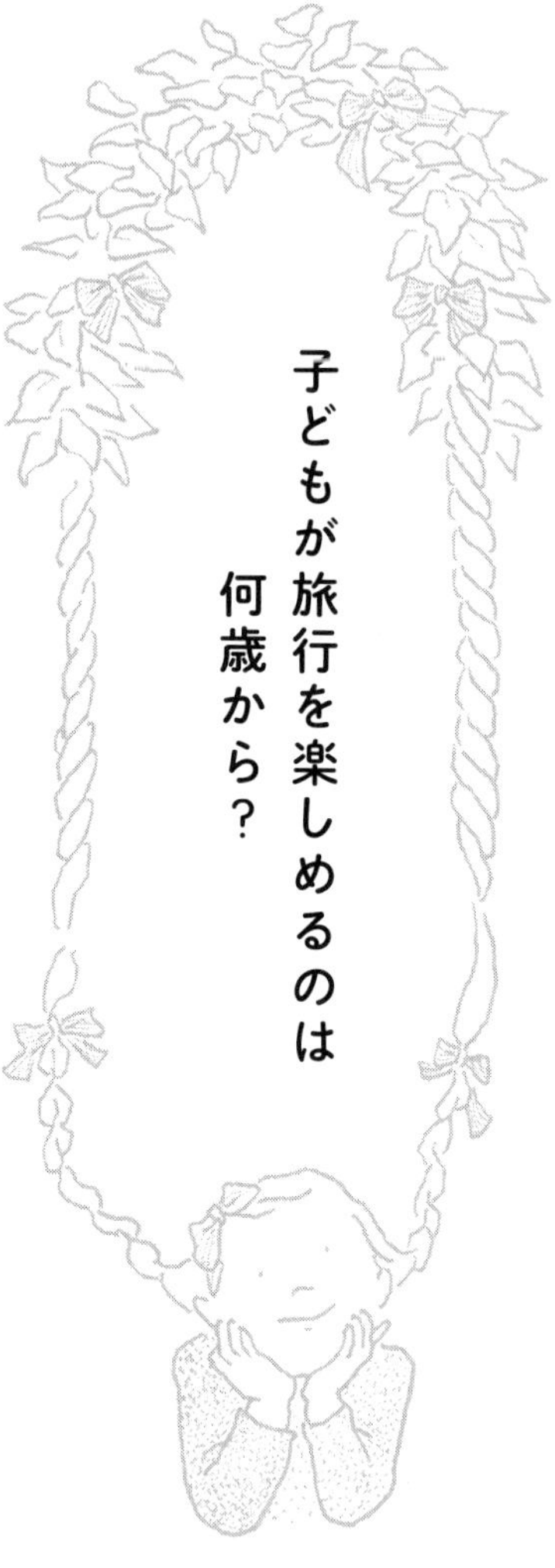

夏休みシーズンの間、新幹線や特急で幼児のいる親子連れの近くの席に乗り合わせることが何度かあった。なんとなく様子を見ていると、長時間身動きできない状態の中で、親子関係がさまざまに変化していくのが興味深い。終始穏やかに過ごしている親子連れもいるが、むしろ例外的である。多くの場合、子どもは初めのうち穏やかにオモチャで遊んだりお菓子を食べたりしているが、やがて飽きてきて聞き

分けが悪くなってくる。親も次第に無口になり、子どものちょっとしたイタズラをイライラした声で叱ることが増えてくる。乗車直後から子どもがじっとしていられず、親が交代で抱きかかえながらデッキで過ごしているというケースもある。多くの親にとって、子連れでの長旅はけっこうしんどいものだ。

親たちは、休日に親子で旅行することで、子どもにいろんな経験をさせたいと思うのだろう。確かに精神医学や心理学では、幼児期までに養育者といっしょにどんな体験を積んだかということが、その後の人格形成に強く影響すると考えられている。でも、当の子どもたちは、旅行で体験したことの内容を、親が期待するほど覚えてはいない。子どもが思春期以降に達している方は、試しに幼児期に行った行楽地を具体的に挙げて、そのことを覚えているかどうかたずねてみていただきたい。旅行したことすら記憶にないと言われてショックを受けるかもしれない。せっかく有名な行楽地に行っても、どこで何をしたのかを子どもが覚えていないのでは、金をかけ計画を立てたかいがない。それどころか、長旅の帰りに親子とも疲れきって、お互いにイライラしてけんかしてしまうようでは、かえって逆効果である。

大事なのは旅行の内容ではなく、楽しいという感情が残せたかどうかである。親といっしょに何かを体験することで、最後に「楽しかった」という感情とともに親子の愛情や信頼関係が強まる、それが最も重要なことである。小学校低学年くらいまでは、帰省などどうしても必要な旅行は別として、そんなに遠くに行く必要はない。近場の公園やプールでちょっといっしょに遊ぶだけで、子どもはとてもうれしいものだ。遠くの行楽地に行って、親も子どもも楽しめて、しかも子どもがそのことをあとでちゃんと覚えていられるのは、小学校中学年〜高学年くらいに限られるだろう。

幼児期の子どものいる皆さん、今は貯金をして、小学生になってから親子ともに楽しめる旅行を計画するというのも手かもしれません。

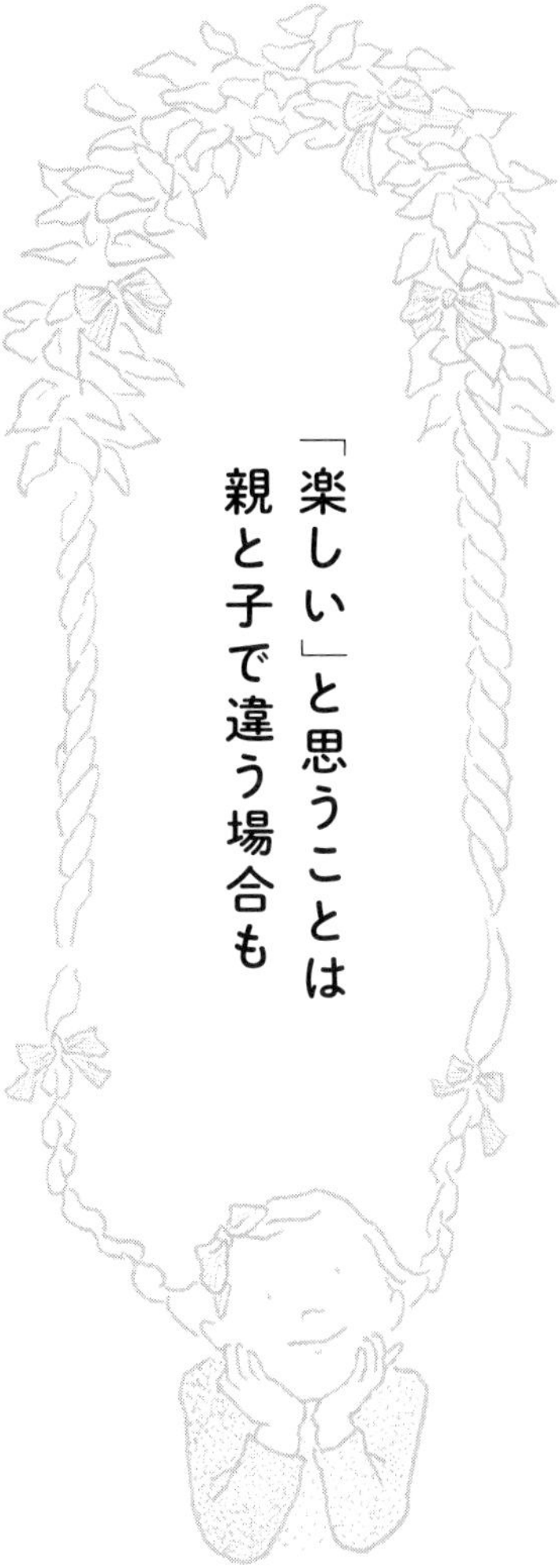

「楽しい」と思うことは親と子で違う場合も

僕が中高生だった１９７０年代、若者の音楽の志向は洋楽中心だった。髪を伸ばした若者たちを見て大人は眉をひそめ、部屋でロックを大音量でかけていると親から文句を言われたものだ。一方、親たちが居間で歌謡曲やクラシックを聴いていると、中高生の子どもたちはスッと席を立って自分の部屋に行き、洋楽をかけていた。

僕も妻もご多分に漏れず洋楽好きだった。妻が妊娠したときは、子どもが洋楽好きに育てば家族でバンドができるかもしれないなどと期待し、「胎教」と称して自分の好きな音楽をかけていた。娘が生まれてからも、家族で車で外出するときは、BGMは洋楽と決まっていた。3歳ごろまでは、娘もノリノリで聴いていた。とくにアレサ・フランクリンの「チェイン・オブ・フールズ」という曲とアース・ウインド&ファイアーの「ブギー・ワンダーランド」という曲が大好きで、それをかけてくれとせがまれ、かけると後部座席で機嫌よく歌いながら体を揺すっていたものだ。

ところが、3歳からピアノを習うようになると、なぜか娘の音楽的志向はクラシックへと向いていった。中学に入学して部活をどこにするかという話になったとき、両親は「軽音楽部はどう？」と熱心に勧めてみたが、娘は「私はああいううるさいのはちょっと……」と全く関心がない。結局、あろうことかオーケストラでフルートを吹くようになった娘は、ますますクラシック志向が強まり、それと反比例するかのように洋楽には見向きもしなくなった。というよりは、親の聴く音楽に関心を寄せなくなったと言ったほうがよいのかもしれない。自宅で静かにクラシックを聴くようになった。なんだか70年代の親子関係と逆な感じだ。

こうして、胎教は意外に効果がないことを僕は身をもって学んだ。結局、人の好みはさまざまだし、たとえ親子といえども志向性がずれることは珍しくない。親が好きなものを子どもも好きになることが、ないわけではない。実際、僕の知り合いにも親子でバンドをやっている人はいる。でもそれは、たまたま親子で趣味が一致しただけのことだ。親は、自分が大事にしているものを子どもに伝えようとするが、それを子どもも大事にするかどうかなんて、わからない。そういうことを十分に承知したうえで、伝えたいメッセージがあれば子どもに伝えるというのが、大人の役割なのだと思う。

CHAPTER 2

個性の芽がぐんぐん育つ接し方

自分のオムツがいつとれたか、ご存じですか？

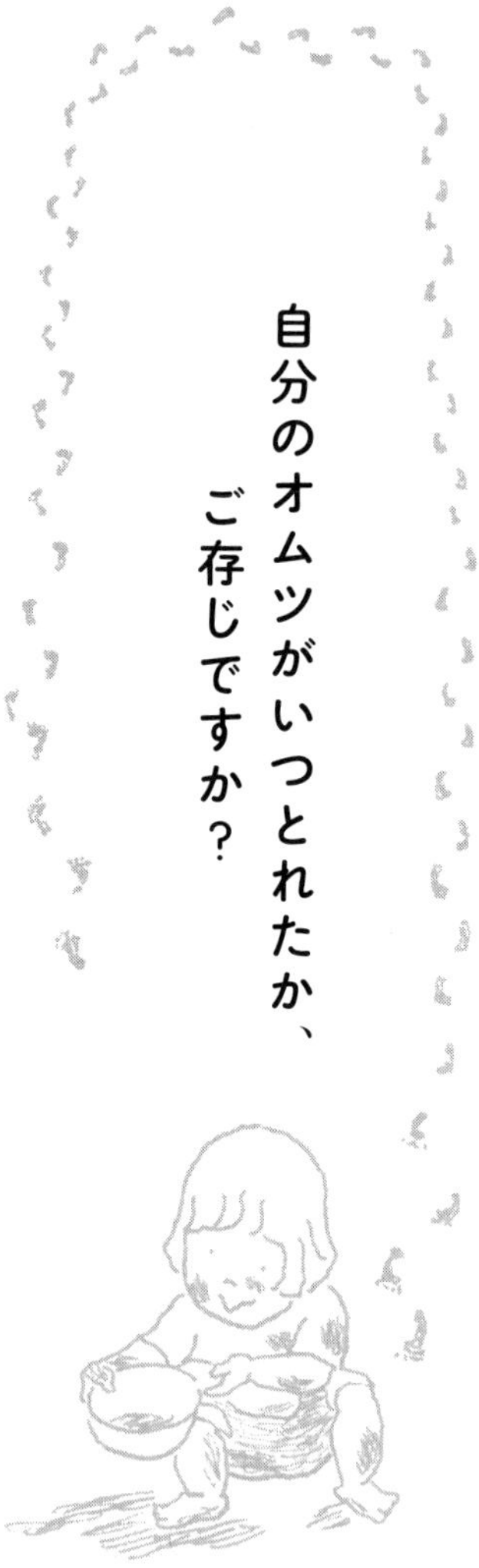

皆さんは、自分のオムツがいつとれたかをご存じだろうか？　知らないという人のほうが多いのではないか。ほとんどの人にとって、自分のオムツがいつとれたかなんて、どうでもいいことである。早々にオムツがとれたという人もいれば、４〜５歳までオムツをしていたという人もいるだろう。でも、オムツが早くとれた人のほうが遅くとれた人よりも偉いわけではない。自分が遅くまでオムツがとれなかっ

たからといって、そのことを恥などと思うこともない。

しかし、子育て中の親にとって、いつになったらわが子のオムツがとれるかは重大な懸案事項である。オムツがとれた子がまわりに着々と増えてきているのに、わが子はまだとれていないと、かなり焦ってしまう。

人の発達には「同形性」と「多様性」の両面がある。長い目で見れば、ごく一部の例外を除いていつかオムツはとれる（同形性）。しかし、個々の子どもで見ると、オムツのとれる時期にはかなり幅がある（多様性）。発達心理学では、発達の同形性について研究された歴史が長かった。同形性を調べるには、たくさんの人数で調査をして集計をとる。今、「○歳で○○ができるようになる」といった知識がちまたにあふれているが、それらは集計データである。ところが、集計データに過ぎないこうした知識が、一部の育児本で「○歳までに○○ができるようにしなければならない」といった親へのノルマのように書き換えられている。それを見た親は、わが子がそのノルマをクリアしないと不安になり、焦ってしまう。ハイハイ、歩行、離乳、排せつの自立、言葉など、さまざまなことについて、できるようになるかどうかの結果だけでなく、いつできるようになるかというプロセスまで気にするのである。

集計データでは個々の違い、つまり多様性は見えにくくなる。本当は、個別にデータを丁寧に見れば、多様性も大きいのである。発達では、結果は同じでもプロセスは多様ということがじつに多い。結果は同じなのだから、プロセスの多様性はむしろ個性として尊重すべきである。プロセスまですべて無理に同じ型にはめることは、子どもの個性の芽をつぶすことになるだけでなく、親子ともにストレスがつのり、心の健康を損ねることにもつながりかねない。

親にノルマを課すような育児本に惑わされ過ぎず、多様な個性にもっと注目して、豊かな子育てを目指したいものである。

完璧な人はいない、そして個性に優劣はない

物事の特徴には、二面性がある。加速のよい自動車は燃費が悪いし、日当たりのよい家は夏に暑い。あるいは、「その二つはどちらもよいことなのだが両立が難しい」ということがある。「高品質と低価格」などがそうだ。高品質を目指せば、価格を高くしないと利益が出ない。低価格を目指せば、品質を下げざるを得ない。両方を目指すと、どっちつかずになってしまう。

人の個性も同様である。陽気で冗談好きな人は、宴会では盛り上げ役になるが、ときに不謹慎とみなされる。逆に生真面目で寡黙な人は、仕事では信頼されるが宴会は苦手かもしれない。決断の速い人は行動力がある反面、細部には目が行き届かない。細かい配慮が得意な人は、大胆な決断はしたがらない。

すべての面において完璧な人というのは、存在し得ない。ある面で突出している人は、そのことによる負の側面も必ず持っている。全体的にバランスのとれた人も確かに存在するが、裏を返せば何かに抜きん出るということがない。これらの個性は、優劣を競うものではない。適材適所、いろんなタイプの人がいるほうがよいのである。

ところが子育てとなると、自分のことは棚に上げて、わが子には苦手なこととの克服を求めたくなるのが親の心情。時間はかかるが丁寧に課題をこなす子どもに対しては「もっと早くやりなさい」と言い、急いで早く仕上げた結果としてミスがあると「ミスをするな」と言ってしまう。でも、こんな「ないものねだり」の接し方ばかりを続けていると、子どもは何を目標にすればよいのかわからなくなる。結果的にはスピードも正確さも中途半端となり、達成感や自信が持てない。

自分に達成感や自信が持てない子どもは、満たされない心を他のもので満たそうとする。でも、このような子どもの不全感は、他のものでは代わりがきかないのだ。何を買ってもらっても「でもあれは買ってもらえなかった」と不満を述べ、うまくいかないことはすべて他人のせいにする。いずれ自分が結婚して子どもができると、自分の子どもにも同様の接し方をするようになり、「ないものねだり」の態度は次の世代へと伝達される。

丁寧にミスなく課題を行うことを目標にするのであれば、その目標さえ達成できればよい。そこでほめておくことが重要である。時間がかかったことを責めるべきではない。物事には必ず両面あるのだから、いつも悪い面ばかり見て欠点を指摘し合うのではなく、少しでもよい面に注目してほめ合う習慣を持ちたいものである。

子どもの独創的な答えを
もっともっと大切に

僕は、小中学生を診察するときには、家庭や学校の生活などについて簡単な質問が書かれた紙を用意して、記入してもらうことにしている。質問のひとつに、「好きな時間は?」というのがある。質問の下に「国語」「給食」「休み時間」など学校の教科や活動などが列挙されて、好きなものに○をつけてもらうようになっている。ある子どもが、この質問を読んで、下の項目には○をつけずに質問文の横に

「5時」と書いた。意味をたずねたところ、夕方5時から好きなテレビ番組があるとのこと。だから好きな時間は5時というわけだ。

こんな男の子もいた。「大人になったら何になりたいですか？」という質問に対して「小林さん」と書いたのだ（その子の名字は「小林」ではない）。どういうことかたずねると、横から母親が説明してくれた。クラスに好きな女の子がいて、その子が小林さんというのだそうだ。将来はその子と結婚するつもりでいるとのこと。結婚して名字が「小林」に変わる。だから僕は将来「小林さん」になる。

小学校で算数を習い始めたころ、「リンゴ3個とミカン2個、合わせていくつ？」という問題に違和感を覚える子どもが時々いる。「あっちのリンゴ3個とこっちのリンゴ2個ならば、合わせて5個というのはわかる。でもリンゴとミカンは別のものなのに、なぜ足さなければいけないのか？」というわけだ。これが「家3軒と卵焼き2個、合わせていくつ？」という問題だと、きっと多くの人が同じような感想を持つだろう。「リンゴとミカン」も「家と卵焼き」も、異なるものであることに変わりはない。前者なら足し算ができて、後者はできないというのは、よく考えればおかしい。

子どもたちは、ときにとても独創的な発想をする。大人の硬直した頭からはなかなか出てこない発想だ。そんなときに大人がどのように反応するかは、とても重要だ。正解があるわけではないのだから、いろんな考え方があったっていいじゃないか。いや、むしろいろんな考えの人が少しでもたくさんいるほうが健康な社会なのだ。子どもたちのちょっとした独創性を、もっともっと大事にすべきだ。大人は、「教育」という名のもとに子どもの独創性の芽をつんでしまいがちである。それは、大人の都合のよいように子どもを飼いならしてしまうことになりかねない。子どもたちの発するアイデアに「なるほど！」と感心し、自分たちの石頭を反省できるかどうか、そこに大人の度量が見え隠れするように思う。

時間を守る子か、キリのよさを求める子か

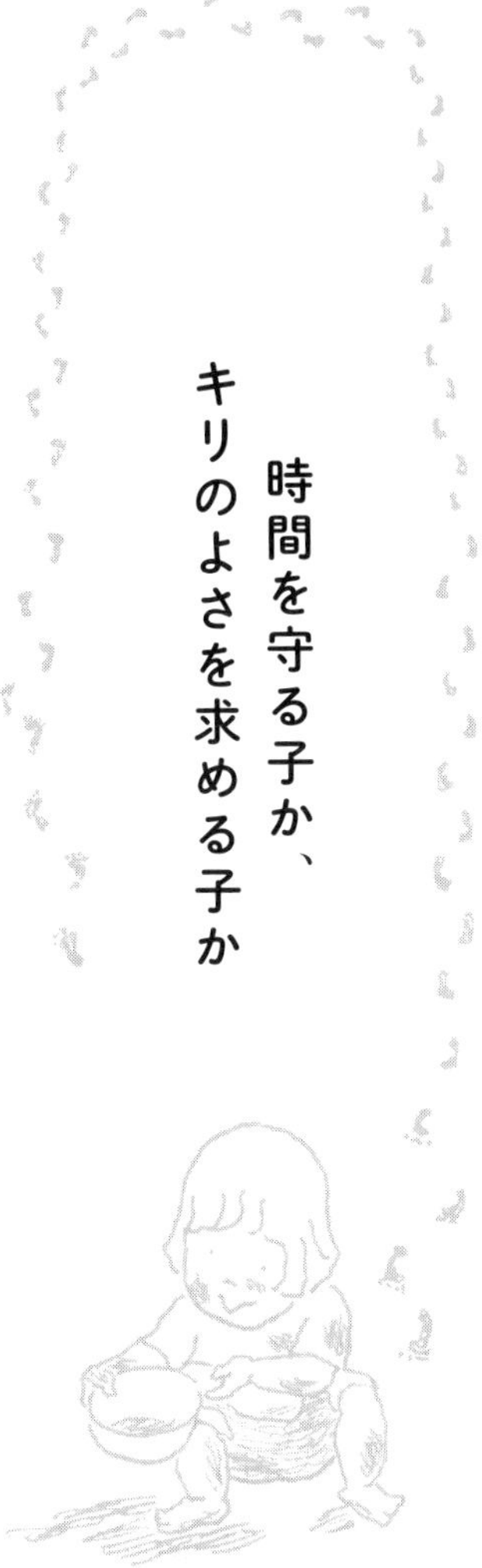

皆さんは子どものころ、時間のたつのも忘れて何かに熱中したことはないだろうか？　ゲームを夢中でやっていてあと少しで攻略できるというとき、あるいは推理小説を読んでいてあと数ページで犯人がわかるというところで、夕飯の時間になり親から早く来るよううながされたという経験は、誰でもあるだろう。

そのようなときに、時間を守って行動することを優先する子どももいれば、やっ

ているのことをキリのよいところまでやってしまいたいと思う子どももいる。一方、親の多くは、夕飯の時間になったら子どもが何をやっていようとも途中で切り上げさせようとする。その結果、時間を守る子どもはほめられやすく、キリのよいところまでやろうとする子どもは叱られやすい。

現代社会では、時間を守ることと仕事をきちんとこなすことの両方が要求されることが多い。しかし、これらは必ずしも両立しない。このときどちらを優先するかは、状況によって異なる。後回しにしてよい事務仕事に没頭し過ぎて大事な商談に遅刻することは許されない。一方、医者が手術をするときは、どんなに時間がかかっても最後まで手術をやり遂げないといけない。

一流の専門性や技術を習得している人たちは、時間を気にせず一心不乱に取り組んだという経験が必ずある。自分で納得のいくまで考え、試行錯誤しながら目標を達成する。そのプロセスが、成長には欠かせない。時間を守ることは確かに重要だが、時間を重視し過ぎると専門性を極める才能の芽をつんでしまう可能性もある。

すべての人が時間ばかり気にしていると、独創的な仕事や専門性の高い技術は生まれにくくなるのかもしれない。

時間を守ることが苦手な子どもに対しては、時間で行動するよりも活動のキリのよさを目安にしてうながすとうまくいくことがある。夕飯の時間になってから「今やっていることを即刻やめて食卓につくように」と指示しても途中ではやめられないが、「もうすぐ夕飯の時間だから、今やっていることがキリのよいところまできたら、そこでやめて食事にしよう」と指示すると、うまくいくかもしれない。本であれば、今読んでいる章の終わりで切り上げるようにする。でも、つい次の章を読み始めてしまう子どももいるので、その場合はそばについてキリのよいところですかさずうながすとよい。

時間を守ることを優先するタイプか、キリのよさを重視するタイプか、お子さんのタイプによって接し方を工夫してみることも重要だ。

「あいさつが基本」とは限らない

公立学校の先生たちは総じて元気よくあいさつする人が多い。仕事柄いろんなところで研修会の講師を務めるが、公立学校の先生たちの研修会では必ず全員が大きな声で一斉にあいさつを唱和する。朝は「おはようございます」、昼は「こんにちは」、夜は「こんばんは」と、子どもたちが教わるあいさつそのものだ。他の大人の社会では、「おはようございます」はともかくとして、みんなで一斉に「こんに

ちは」や「こんばんは」とあいさつする習慣は今どきあまりない気がする。

学校の先生たちは、子どもにもあいさつを奨励する。そのこと自体、けっして悪いことではない。誰かと会ったときや別れるとき、にこやかにあいさつをするのは互いに気持ちよいものだ。ただ、中にはあいさつをしないと次のことをやってはいけないと考える人がいる。そのような人が好きな言葉が「あいさつが基本」だ。

世の中にはアガリ症の人、大声が苦手な人、人見知りが強い人など、いろんな人がいる。他のことなら何でも抵抗なくできるのに、大声の元気よいあいさつだけは苦手という人もいる。そのような人たちにとって、「あいさつが基本」と言われるのは大変困ることだ。

あいさつは、そこまで重要なことなのだろうか？　あいさつは上手だが仕事はサボってばかりという人もいる。僕はそういう人を何度も見てきた。逆に、あいさつは苦手だが仕事は真面目にこなすという人もいる。人物として評価すべきなのはトータルな人柄や仕事の内容であって、けっしてあいさつではない。外国映画などを見ていると、あいさつが案外あっさりしている国も多い。日本人は総じてあいさつが過剰だと感じるのは僕だけだろうか？　試しに皆さんが誰かと会ったとき、とくに別れ際に「失礼します」「じゃあまた」などの言葉を何回発し、お辞儀を何回するか、数えてみるとよい。2〜3回ではすまないはずだ。

あいさつを重視する人の中には、「元気よくあいさつする人に悪い人はいない」とまで言う人がいるが、本当だろうか？　どちらかというと、うわべのコミュニケーションの巧みさで人をだますような人も多いように思う。あいさつが苦手な人が、悪人とも限らない。人見知りが強く世渡り下手だが実直な人も多い。そのような人のうちに秘めた真面目さ、正義感、才能をうまく引き出すことのほうが、あいさつを無理強いすることよりも大切ではないだろうか。

あいさつは、基本とは限らない。「あいさつは応用」という人だっている。他のことをたくさん学び、あとから少しずつあいさつを上達させるという学び方だって、あっていい。

子どもは習い事を通じて自分の個性を知る

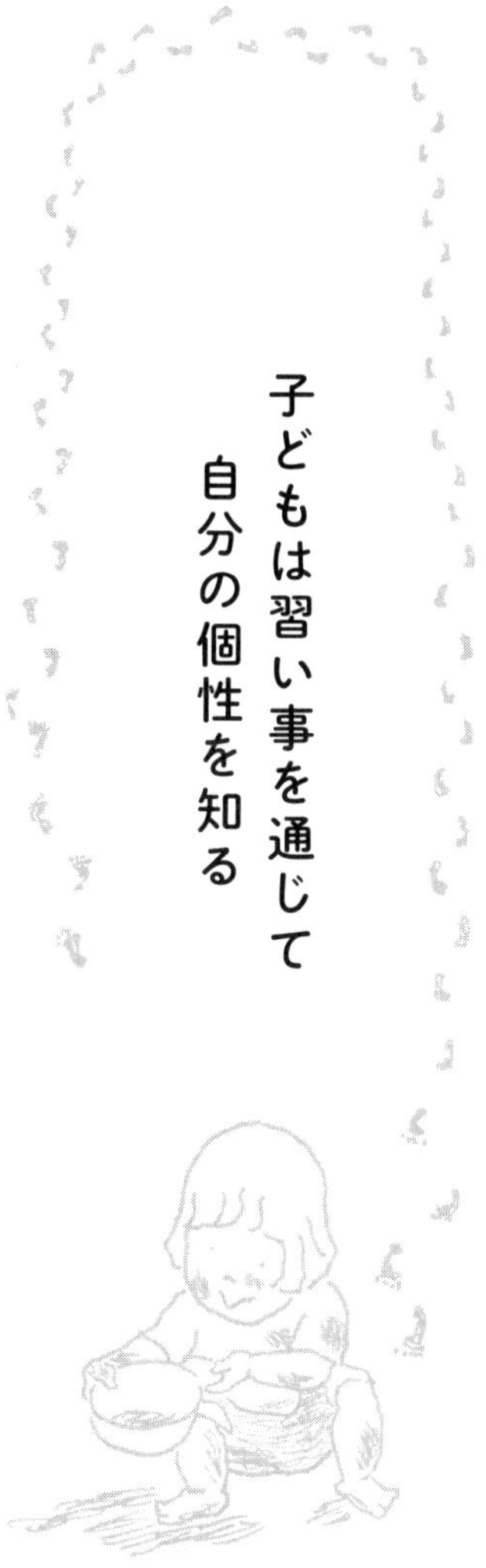

子どもを何らかの習い事や塾に通わせる場合、何を習うか、どこに通うかは、どうやって決めればよいだろうか？

親が子どもにさせたいと思うものを習い事に選んでいるという家庭は多い。中には、子どもが苦手なことを重点的に習い事や塾で補強しようとする親もいる。でも、残念ながら子どもにその習い事に関する才能がそれほどない場合、あるいは子どもがその習い事をどうしても好きになれない場合は、親がいくらやらせたいと思っても苦手なものは苦手なまま、嫌いなものは嫌いなままである。その習い事を続ければ続けるほど、子どもには苦痛になっていく。

一般に、習い事や塾は、得意なことや好きなことにしぼるべきだ。そのほうが続けやすいし、より一層得意になるので子ども本人にとって自信になり、健康的な心の成長につながる。逆に、苦手なことや嫌いなことを習い事に選んで無理に続けると、余計に苦手意識が強くなり、ますます嫌いになる。時間をかけるわりに習熟しないので、結局自信は低下し、健康的な心の成長にとってマイナスだ。苦手なことをあえて選ぶときがあるとすれば、上手ではなくてもそれが好きでぜひ続けたいと本人が望む場合か、受験に際して苦手科目を克服したいと本人自ら希望する場合に限るべきだ。

一方、音楽やスポーツなどの中には、幼児期から始めるほうが伸びやすいと言われる分野もある。実際、プロの音楽家の多くは幼児期から楽器を始めている。将来こうした領域のプロになる可能性を残すためには、幼児期から始めたほうがよさそうだ。でも、3歳の子どもが「ぜひピアノを習わせてください」と自分から親に頼むことは、まずないだろう。もしその子に何かの才能が潜んでいる場合、子どもがやりたいと自分から言い出すまで待っているわけにもいかない。

子どもがまだ小さいうちから習い事をやらせたい場合は、「お試し」をしてみるとよい。その方面に才能があるかどうかは、やってみないとわからないのも事実だ。子ども本人が興味を持って習い続けたいと思えば、喜んで続けるだろう。でも、お試しはあくまでお試し。やってみて本人が気乗りしなければ、親は潔くやめる決断をしなければならない。しばらく習い続けているうちに嫌になってしまう場合もある。そのときも、無理に続けさせずに中断する。最初のチャンスは親が与えないと子どもにはわからないが、習い事として続けるかどうかは自分で決める。それは、子どもが自分の個性を知ることにもつながる。

恋愛と同じで、気持ちをくんで誘うのが大事

「親子関係と恋愛関係には共通点がある」という話をする。既婚者の皆さんは、結婚前の熱かった（？）ときの気持ちを思い出しながら読んでいただきたい。

好きな人ができた。どうやら相手も自分のことが嫌いではないらしい。こんな状況のとき、人は不安になる。「昨日はとても親しく話ができたのに、今日あの人はちょっと上の空だった」なんてことにとても敏感になるものだ。

ここでちょっと想像してみよう。好意を抱いている相手に対して、あなたから「今度の日曜日、いっしょに遊びに行こう」などと誘うと、いつも快く応じてくれる。でも、相手からあなたを誘ってくることは全くない。あなたはどう感じるだろうか？「あの人は、本当は自分のことをそんなに好きではないかもしれない」などと、つい考えてしまうのではないか？

いつもこちらからばかり誘うのではなく、相手からも誘ってほしい。しかも、通り一遍ではダメ。相手が自分の好みなどをちゃんと把握していて、自分の気持ちをくんだ提案をしてくれるとき、初めて相手の愛情を感じることができる。人の気持ちとは、そういうものだ。

親子関係にもそれは当てはまる。「うちは子どもの自主性を尊重している」という親をときどき見かけるが、よく見ると「子どもが何かを希望したらそれを尊重する」というやり方でしか子どもと接していないことがある。それだと、じつは子どもを不安にさせる。子どもの立場から見ると、自分が主張しない限り親は振り向いてくれない。「親は自分のことなど本当はどうでもよいのではないか」と子どもは感じるのである。これは、一種のネグレクトである。

子どもが親の愛情を十分に感じ取れるのは、子どもがまだ頼んでもいないのに、子どもが内心希望していることを親がくみ取って提案するときである。「今度の日曜日、プールに行こうか」「いっしょにトランプしない?」など、タイミングよく親から子どもに誘うことが、とても大切なのだ。まさに恋愛関係と同様である。

乳幼児期から思春期にかけて親の愛情を十分に感じて育った子どもは、安心感を土台として自主性のある健康な大人へと成長していく。逆に、この時期に保護者からの愛情を十分に感じられないと、情緒不安定で依存的なパーソナリティーのままで成人期に達してしまう。

恋愛していたころの自分を思い出しながら、子どもにあれこれ話しかけてみていただきたい。あ、結婚後の夫婦関係にも同じことが言えるかも……。

個性の芽をつむ過干渉、個性を育てる過保護

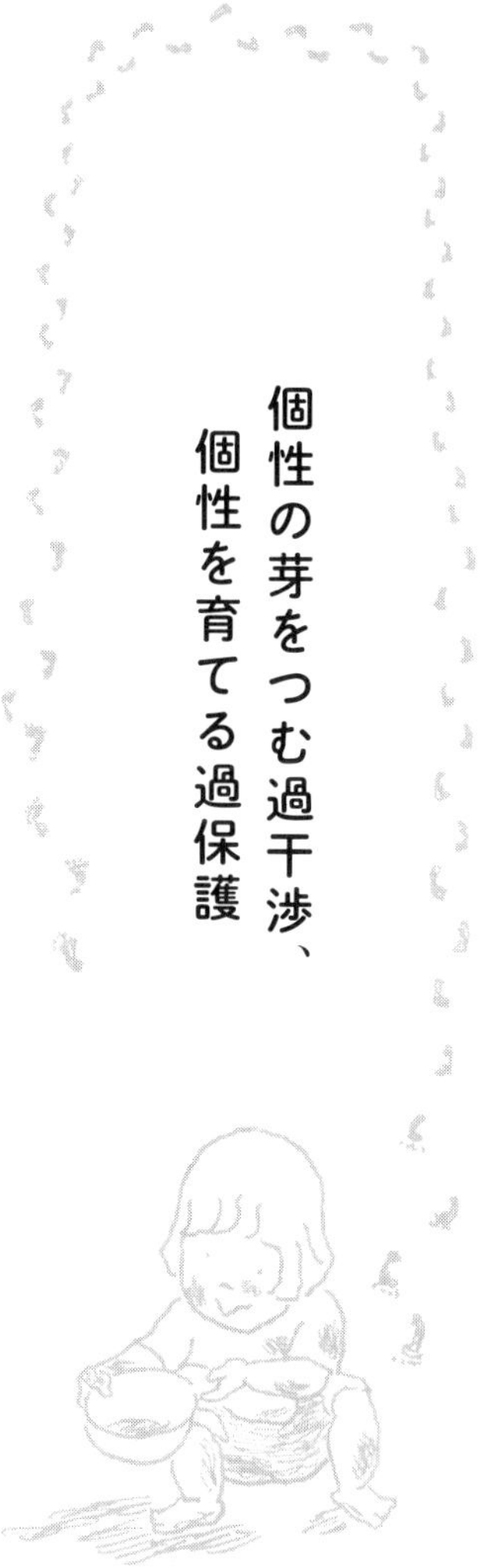

僕はまだ児童精神医学を学び始めて間もないころに、わが国の代表的な児童精神科医のひとりで、『子どもへのまなざし』（福音館書店）などの著書でも知られる佐々木正美先生（1935〜2017年）と同じ職場に2年間勤務していたことがある。いつも穏やかで包容力のある素晴らしい先生だった。

佐々木先生から学んだことは数えきれないが、今回はその中でも最も重要で、子

育てにおける基本中の基本と思うことを取り上げたい。それは、「過保護と過干渉は違う」ということだ。一般に「過保護に育てると子どもがいつまでも親に依存して自立しないからよくない」と思われがちだが、佐々木先生はそれが誤解であることをいつも強調されていた。子どもは自分の望んでいるいろいろなことを思い通りにしてもらうと、やがて満ち足りて、どんどん自立していくものだ。満たされれば満たされるほど、むしろ自立は早くなる。だから、子どもが望んでいることを親はいくらでもやってよいし、やり過ぎることはない。本来、「過保護」という概念すら必要ない。もし、いつまでも子どもが親を頼ってくるとすると、それは過保護だからではなく、むしろやりたいことを十分に満たしてこなかったから、と考えるべきだ。

逆に、子どもの自立をはばむのが「過干渉」である。干渉とは、やりたいことでなくやらねばならないことをさせようとすることだ。「やらねばならないこと」の多くは、じつは親がやらせたいと思っていることに過ぎない。しつけなど、ある程度は必要だが、過剰になると、子どもは親の意向をいつも気にしなければならない。過干渉な親は、子どもが親の意向にそったときだけほめ、ものを買い与える。このような育て方だと、他者の評価に過敏になり、自分でものを考える習慣が身につかない。やりたいことが常に中途半端で終わるため、ずっと不全感を抱えたままである。自分のやりたいことが全くわからなくなってしまう子どももいる。子どもの自主性や主体性はやりたいことの中でしか育たないので、過干渉では子どもの自立がむしろ遅くなる。思春期にさまざまな問題を示す人たちの中に、小さいときは「聞き分けのよい子」と言われていたというケースがしばしばあるのは、親の過干渉が要因であることが多い。

佐々木先生はよく「過保護にされてダメになる子どもはいない」とおっしゃっていた。子どもたちが安心して好きなことに没頭できるような環境を少しでも増やせるよう努力することが、僕の佐々木先生への恩返しだと思う。

CHAPTER 3

個性とともに育てたい「相談力」

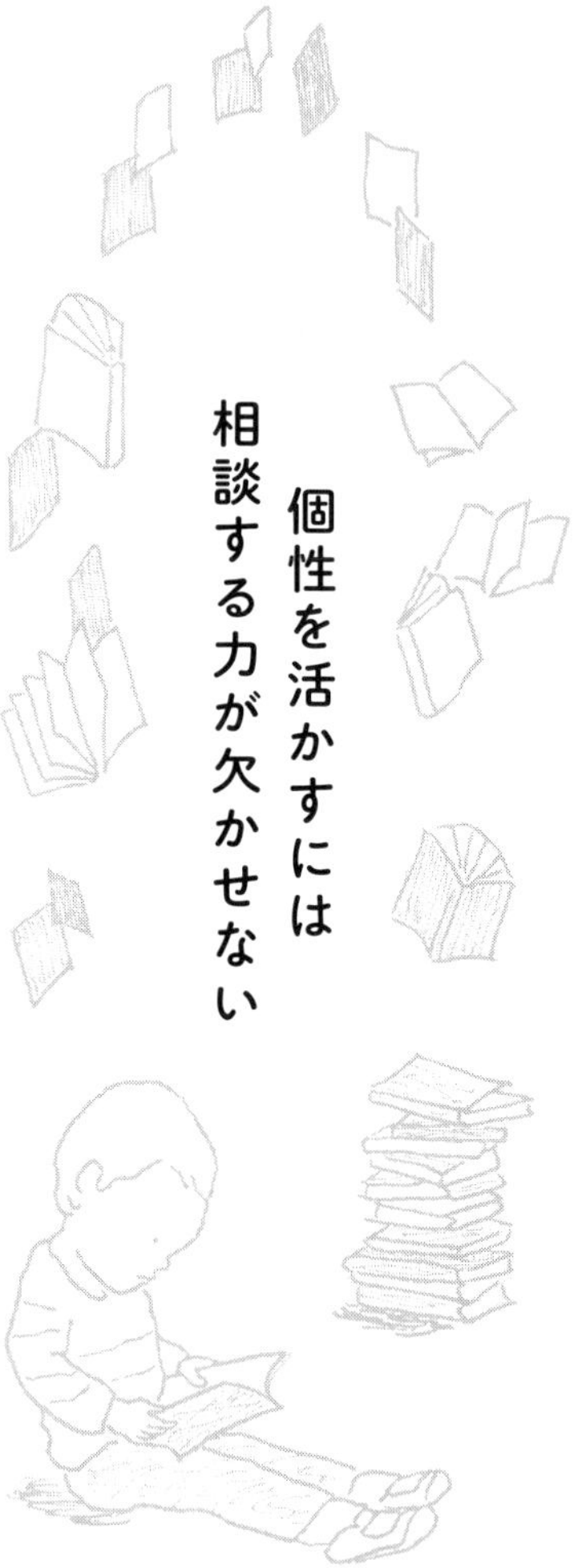

個性を活かすには相談する力が欠かせない

自分の手に負えないことは、誰かに相談することが大切だ。会社などでも、組織人の基本である「ホウ・レン・ソウ」（報告・連絡・相談）のひとつに相談が含められている。仕事ができる人は、よいタイミングで適切な相手に相談できる。

相談は意外に難しい。責任感が強い人だと、「自分でやるべきことを他人に相談するのは申し訳ない」と考える。世間体を気にする人だと、「こんな些細《ささい》なことを相談するのはみっともない」と悩んでしまう。でも、ひとりで抱え込んで問題がこじれると、周囲の人たちから「どうしてもっと早く相談しなかったの？」と言われる。

相談が上手な人は、自分にできることとできないことの判断が的確だ。できることは責任をもって着実に実行するが、自分の手に余ると思えばけっして抱え込まず、すぐしかるべき人に相談する。人の能力には相当な個人差があるが、自分にできることとできないことを判断する力は、丁寧に教えれば誰でもある程度は身につけることができる。

今の子どもたちは、人に相談する力が十分に育っていないことが多いように思う。人の相談行動の源流は、幼児期の「駄々をこねて泣く」という行動だ。ほしいものが独力では得られない、歩き疲れて抱っこしてもらいたい、親に言われたことをやりたくないなど、とにかく幼児は自分の手に余ると泣いて騒ぐ。そうやって大人に訴えているのだ。しかし、駄々をこねる子どものことを大人は「聞き分けがない」とみなす。いくら訴えても「自分で頑張れ」と言われて助けてもらえなければ、子どもは大人とのコミュニケーションを閉ざしてしまう。逆に、めったに駄々をこねず大人に従順な子どもは、問題ないと思われ、放置されがちだ。このような子どもは、本当は困っていることがあるのに相談がうまくできず、ストレスをため込んでいるかもしれない。

聞き分けのない子どもを、力ずくで押さえ込んではならない。訴えの内容に耳を傾けて、解決の糸口を示していく。できれば、駄々をこねるよりももっと上手な相談の仕方があることを少しずつ教えていく。一方、何でもひとりでやってしまう子どもを見たら、困っても相談せずにひとりで抱え込んでいるのではないかと気にかけておく必要がある。

「大人の言うことを聞かせよう」「自分ひとりでやらせよう」と子どもに多くを求め過ぎてはいけない。困ったらすぐ人に訴えることを認めることが、将来の「ホウ・レン・ソウ」につながることを、大人はぜひ知っておきたい。

「おしっこ！」がホウ・レン・ソウのはじまり

小さい子どもは、排せつが自立していても尿意をもよおすと親のところにきて「おしっこ」と訴えることが多い。親がついて行っても、とくに手伝いを求められるわけではない。トイレで子どもを見守るだけだ。子どもがトイレのドアを閉めてしまい、親は外でただ待っているだけの場合もある。ドアを閉めてひとりで用が足せるのであれば、親を連れて行く必要はない。それでも、親が外にいることがわか

っているとと安心なのだ。そのような時期をへて、最終的にはひとりでトイレに行けるようになる。

自分ひとりでもできるのに、親にそばにいてほしい、見守っていてほしい。すでに何度もできていることなのに、今回うまくできたらまたほめてほしい、ねぎらってほしい。それが、多くの子どもに共通の心情だ。このようなことを何度も繰り返しながら、子どもは信頼できる大人に守られているという安心感を得る。安心が確固たるものになったとき、初めてひとりでトイレに向かうようになるのだ。

ひとりでできるようになったのに何度も親のところに来られると、付き合うのがわずらわしく感じる親もいるだろう。でも、そのような子どもの行動には、あたらしい行動にひとりで立ち向かう勇気の前提となる安心感を育むという重要な意義があるのだ。

もうひとつ、この行動には「自分の予定を人に伝える」という意味もある。皆さんのご家庭で、お父さんが家族に行き先も告げずに1週間の出張に行ってしまったら、行方不明者として捜索願を出す騒ぎになりかねない。このように、能力としてはひとりでできることであっても、自分の予定をしかるべき人に伝えておくのは、社会人として必須のことだ。

子どもにいろいろな能力を身につけさせることは確かに大事だが、それを学ぶときに誰かがちょっとだけ手伝ってくれると楽しく学べる。あるいは、誰かがそばにいると安心して学べる。そのような体験を幼児期から積み重ねることこそが、将来大人になったときの「ホウ・レン・ソウ」につながる。人生の最も早い段階でそれを体験できるのが、トイレなのかもしれない。ひとりでトイレに行けるようになる前の段階で、ひとりで排せつできる能力を身につけるのと同時に、親にトイレに行くつもりであることを告げるという行動が出現するのは、人間がまさに社会的生き物であることを象徴するようだ。

たかがトイレ、されどトイレである。

子どもの「伝えたい」という気持ちを大切に

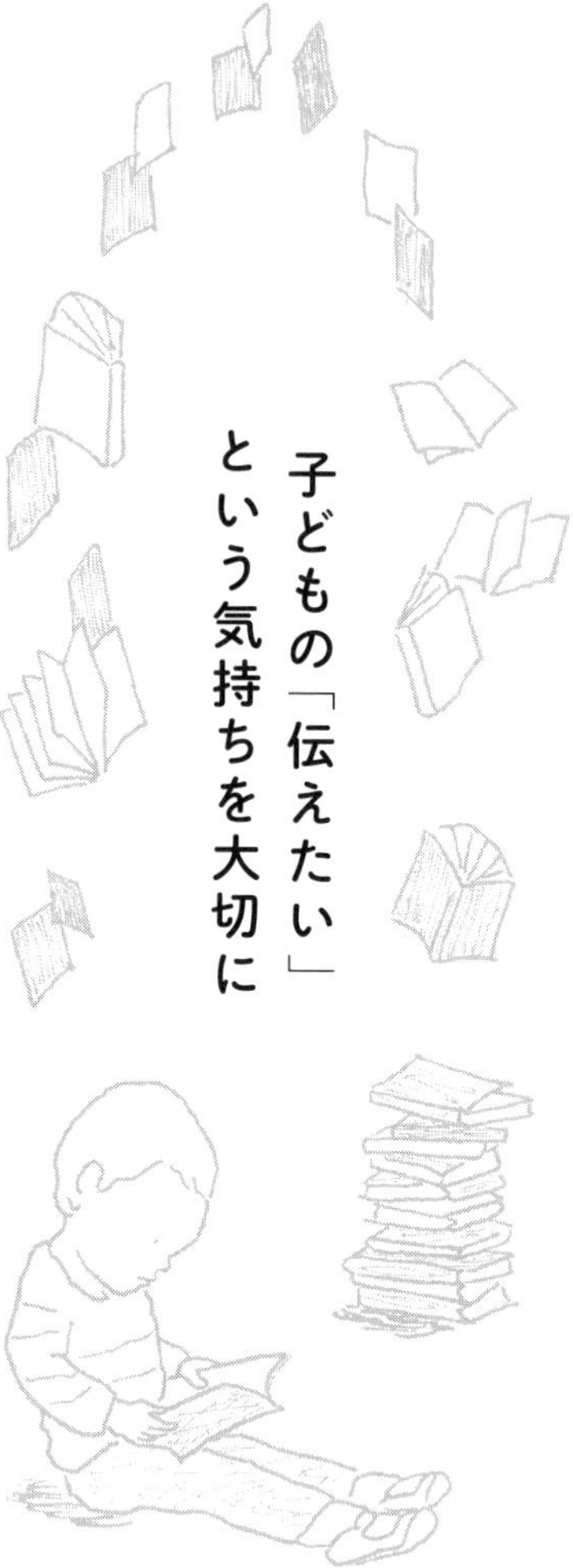

昭和40年代、まだ電話が普及途上だったころ。わが家と祖父母の家に黒電話が設置され、小学生だった僕は、初めて祖母と電話することになった。電話口に出た僕に祖母はいろいろと話しかけ、それに対して僕は夢中で返事をしていた。すると、しばらくその様子を見ていた母が僕にこう言った。「黙ってうなずいていてもおばあちゃんには何も聞こえないよ」。

コミュニケーションは難しい。ある人が何かを「伝えよう」と思い、それを何らかの手段で発信し、相手がそれを感知して、何かを「伝えられた」と思う。さらに言えば、発信した人が「伝えよう」と思ったことと、受信した人が「伝えられた」と思ったことが一致するのが、理想的なコミュニケーションである。小学生の僕は、返事を伝えようと思い、それを「うなずき」という行為で発信したのであるが、残念ながら相手まで届かず、「伝えられた」と思ってもらえなかった。

コミュニケーションには、言語と非言語がある。言語には話し言葉と書き言葉があり、非言語的コミュニケーションには「うなずき」の他にも「表情」「指さし」「身ぶり」「あうんの呼吸」「態度」「空気」など、じつにさまざまな手段がある。言葉のほうが論理や知識を正確に伝えることができるが、言葉にしにくいような微妙な内容を、ちょっとした視線や表情の動きで瞬時に伝えられることもある。

これらのすべてが得意という人は少ない。得意・不得意は、人それぞれ。話し言葉が最も得意という人もいれば、書いて伝えるほうが得意な人もいる。言葉にするのは苦手でも、熱意を態度で示すのは得意という人もいる。

でも近年では、あらゆる領域のコミュニケーションが高いレベルに達していないと、マイナスの評価をされがちである。持っている力は同じでも、ハードルが上がれば苦手と思うようになる。自分が苦手と思うことに限って、わが子には早くから頑張らせようとするのが親の常。一方、子どもは何かを無理に頑張らされると、かえって苦手意識が植えつけられてしまう。このような悪循環の結果、コミュニケーションの重要さが声高に説かれるようになってからのほうが、コミュニケーションに苦手意識を持つ若者がむしろ増えているのではないだろうか？

話すのが苦手なら、他に得意な方法を伸ばせばよい。態度にうまく表せなければ、書いたものを渡せばよい。子どもが自然に持つ「伝えよう」という気持ちを最もうまく形にする方法を、個性に合ったやり方で見つけていきたい。

じっくり話し合い、子どもの言い分を聞く

行動は心の中を映す、と一般に思われている。何か悪いことをしてしまい、誰かに迷惑をかけたときは、謝ることによって、反省と謝罪の気持ちを相手に伝えるのが一般的だ。実際には、相手に申し訳なく思っていても、いろんな理由で謝罪に踏みきれない人は多い。これは、多くの人が心情的に理解できる。一方、行動としては謝っているけれど、内心では相手に申し訳ないと思っていない人がいることは、

意外に理解が難しい。

『反省させると犯罪者になります』(岡本茂樹著、新潮新書)という本がある。悪いことをしてバレた人がまず考えることは、相手へのおわびの気持ちではなく、後悔と自分への言い訳だという。周囲は一刻も早く謝罪の言葉を言わせようとするが、それはかえって逆効果。心の中で何を考えていても、とにかく謝罪の言葉だけ述べれば自分への追及の手はゆるむ、という形だけを身につけるので、何度謝罪しても結局犯罪を繰り返してしまう。

ここに書かれていることは、日常の子育てへの警鐘でもあると思う。子どもたちは大小さまざまな衝突を経験する。衝突するときは、互いに必ず何か理由があるものだ。しかし大人たちは忙しさにかまけて、理由をじっくり聞くことはせず、謝罪という行動だけをとらせようとする。子どもたちは、「ごめんなさい」の一言さえ言えば嫌な時間が終わることを学ぶ。

『反省させると〜』に書かれているもうひとつの重要なことは、相手の気持ちを考えさせることではなく、自分がどう思っていたかの振り返りから始めるということである。どんな犯罪行為でも、捕まった瞬間は、何らかの言い分を述べ、それを正当化しようとする。そのときに考えたことをあとからじっくり振り返るプロセスの中からはじめて、真の反省の気持ちが自発的に生まれてくるという。

子どもの衝突でも同じ。自分にも言い分があるのに、大人から謝れと一方的に言われても、納得できず不全感が残る。自分の言い分を十分に話したときにはじめて、相手の立場について考え始めることができ、なぜ自分にも非があると大人が考えたのかを冷静に振り返ることができる。

形のうえの行動だけをとらせることばかりやっていると、表面的にはうまくいっているようで、じつは子どもの心の内面に深刻な矛盾が蓄積していく恐れがある。何か問題が起こったときは、すぐに行動をとらせるのではなく、じっくりと子どもと話し合い、子どもの言い分を聞いておきたいものである。

ただ謝らせるのではなく、言い訳もさせる

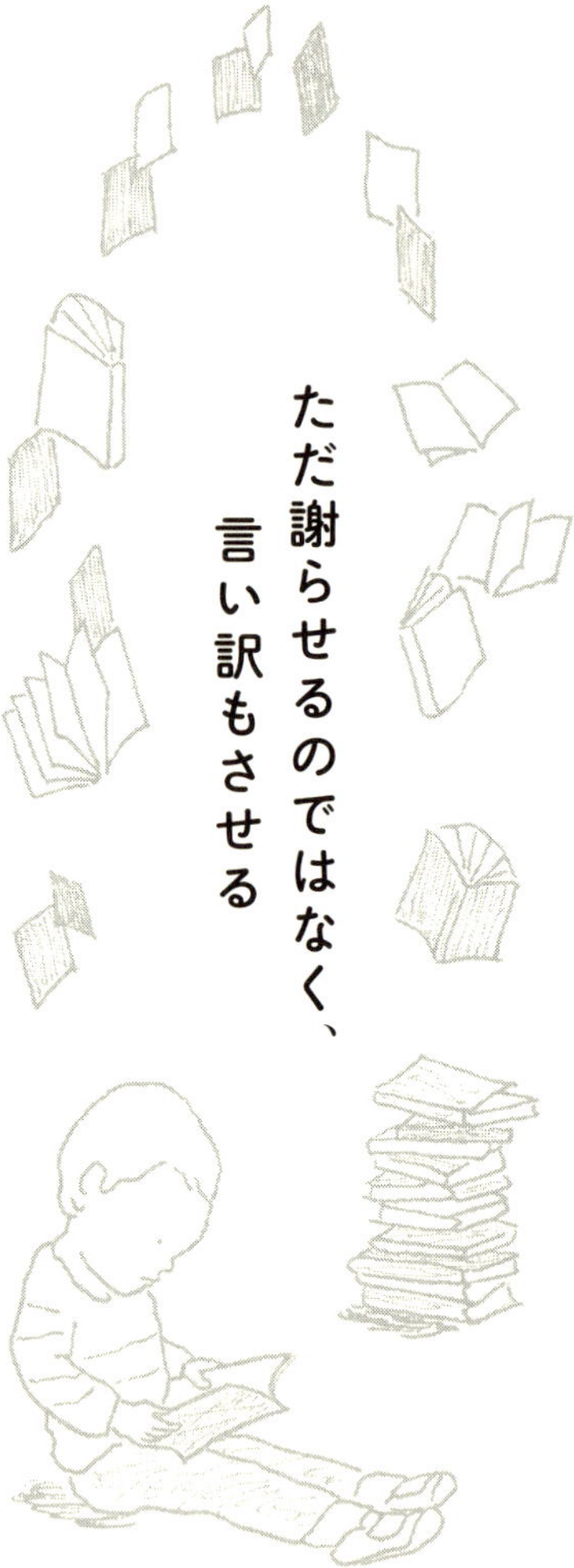

都合の悪いことや過失などを取りつくろうための説明を「言い訳」という。「言い訳するな」と言うことはあっても、「ちゃんと言い訳しろ」と言うことは、めったにない。多くの人は、言い訳をよくないこと、恥ずかしいことだと考えている。

でも、言い訳は本当によくないことなのだろうか？　大人の世界は不祥事だらけだ。テレビでは、誰かが言い訳らしき説明をしている場面が、連日のように映し出

されている。問題を追及された政治家などの答弁を聞いていると、言い訳が上手な人ほど出世できるのではないかとすら思える。

他者から自分の非を問われても、それが誤解であれば、きちんと説明して訂正する必要がある。たとえば遅刻したとき、電車の遅延などの理由があれば、自分の過失ではないことを主張しておくべきだ。でも、同じ路線の人たちは間に合っているのに、ひとりだけ遅刻して、それを電車のせいにすると、言い訳とみなされる。言い訳とふつうの説明との違いは、自分の非を取りつくろっているかどうかだ。しかし、本当に自分に非があるかどうかを判断するのは、案外難しいことも多い。

何事にもトラブルはつきものだ。問題が起こったとき、すぐに自分の非を認めると、説明の機会が保障されず、自分が一方的に不利になってしまう。本当に自分に非のある部分に対しては反省し、謝る必要があるが、自分の責任とはいえないものまで背負い込んで重く受け止めてばかりいると、心がまいってしまう。まずは「自分だけに非があるのではない」と仮定することは、心の健康を守るための人間の防衛本能である。批判を恐れずに自分の正当性を説明する力を身につけることは、社会人として不可欠だ。

　子どもがけんかしたときやものを壊したときなど、大人は子どもたちに有無を言わさずすぐ謝らせようとすることが多い。子どもが謝らずに自分に非がないと主張しようとすると「言い訳するな」と言って黙らせてしまう。でも、将来大人になったとき、不必要な責任まで負わされることを防ぐためには、子どものときから説明や自己主張する習慣をもっておくことが必要かもしれない。たとえ言い訳であってもいったんは説明を試みさせたあとで、いろいろな視点から事態を整理して、子どもが非を認めるべき部分とそうでない部分を整理するのだ。もちろん、大人が日ごろから不当な批判には説得力のある説明をし、認めるべき非は潔く認めるという手本を示すことが最も重要であるのは、言うまでもない。

けんかをしたときも、あとで言い訳を聞く

前項のように子どもの言い訳を肯定する記事を書いたところ、それを読んだ妻から反論があった。「そうは言っても、危険なことをしているときは、いちいち子どもに意見なんて聞いていられないよね。四の五の言わせず、とにかくまず止めなければいけないときもあるんじゃないの?」と。

その通り。僕も賛成です。え? 言っていることが矛盾しているのではないか?

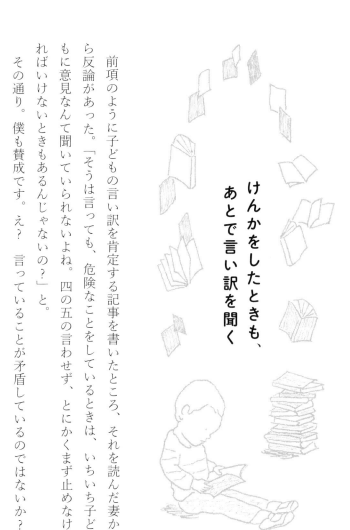

恐妻家だから反論できないんだろうと？　いえいえ、確かに恐妻家ですが、発言に矛盾はありません。

人の行動には、必ず理由がある。子どもであっても、それは同じ。ただ、自分の行動が招く結果を予想する力は、子どもにはまだ不十分だ。

たとえば子どものけんかを止めるとき、「なぜ殴ろうと思ったの？」などと理由を聞いている暇はない。強い口調で制止したり、駆け寄って体を押さえて止めたり、その行動を防ぐことが最優先される。「とにかくまず止めなければいけないとき」は、確かに存在する。

でも、いったん安全を確保したら、やはり子どもの言い訳は聞くべきだ。人を殴ることはいけないと頭ではわかっていても、相手にひどい言葉を浴びせられれば殴りたくもなる。そのような気持ちを全否定されて一方的に叱られると、人は反発して冷静になれないものだ。子どもなりの言い訳を一通り聞いてみると、大人には見えなかったそれなりの理由が見えてくることもある。それに気づいてもらうだけで、子どもは自分の行動を自ら振り返り、反省するようになるものだ。

まだ言い訳するほど言葉が発達していない乳幼児の場合は、行動のほとんどがその場の思いつきだし、問題が起きても因果関係はわからない。叱られてもその理由がわからないので、泣いてしまうだけで、反省もしない。このような段階の子どもには、言い訳を聞く必要もない（そもそも言い訳できない）し、叱る必要もない。「次回から気をつけよう」と思うことはないので、叱ることに全く意味はない。行動を制止し、再発を予防する。行動の制止は、体を張って止める。たとえば他の子をたたこうとしている子どもがいれば、間に割って入って引き離す。再発予防は、しばらくはその子どもたちを離しておく。再び合流させるときは、必ず大人がそばにつき、けんかが再燃しないよう注意深く観察する。

危険は迅速に回避すべきだし、どんな理由であれ、暴力は許されることではない。でも、子どもに理由があるのであれば、あとで言い訳の保障をする。このように、行動の問題と心の問題をはっきりと分けて考えておくことが重要だ。

CHAPTER 4

親も自分の個性を大切に、自然体で

親も無理に背伸びせず、自然体で子育てを

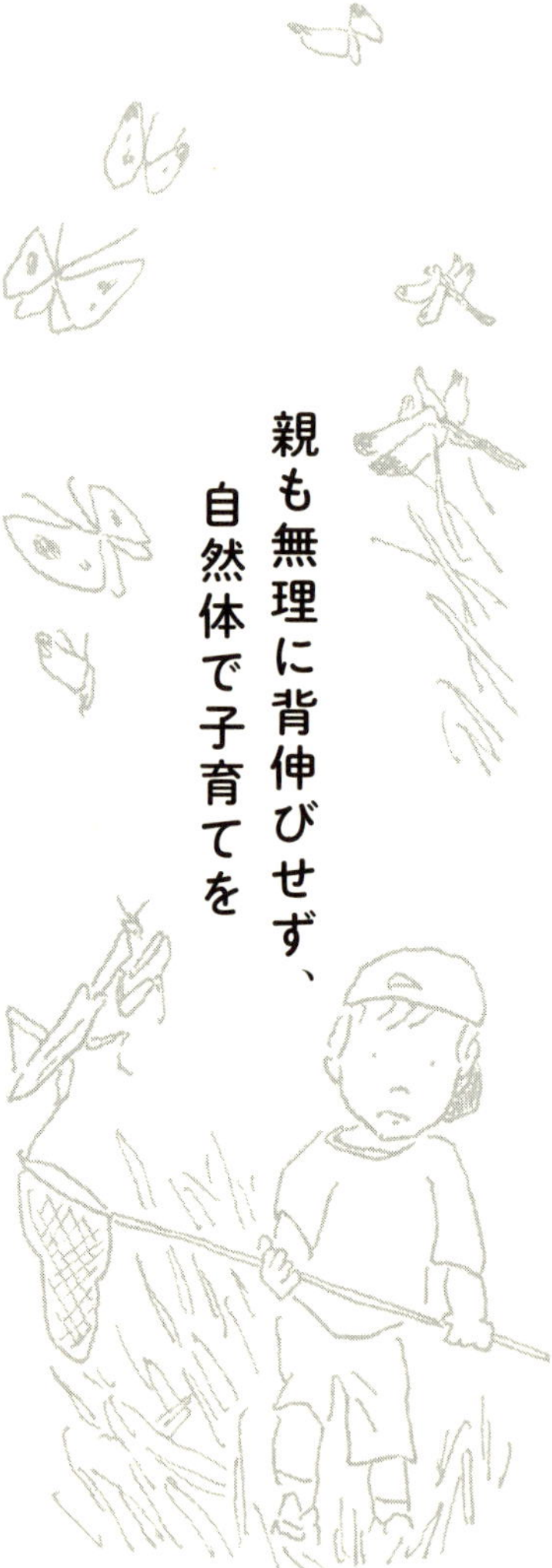

子育てをしていると、親はときどき自分自身の子ども時代を思い出し、わが子と対比させることがある。そんなとき、親がよく子どもに向かって言うせりふのひとつが「自分が子どものころは……」である。この「……」にどんな言葉が入るか、少し考えてみよう。

「勉強は苦手だった」「そんな立派なことはしなかった」などは、自分の子ども時

代より今のわが子のほうが優れているという意味であり、子どもをほめるときに使う。こんなせりふをしょっちゅう言ってみたいものだが、実際に言う機会はそんなにないかもしれない。「(自分が子どものころは) 高いオモチャなんて買ってもらえなかった」「こんな快適な家には住めなかった」などは、「今の子どもたちはいい暮らしができてうらやましい」という羨望《せんぼう》の気持ちや「高いオモチャを買ってもらえるのは親のおかげなんだから、感謝しろ」という恩着せがましさをちょっと感じる。

けっこう多いのは、「そんな悪さはしなかった」「もっと努力したものだ」などのせりふである。これらが最初に浮かぶという人は、子どもに説教することが多いのかもしれない。読者の皆さんも、親からこのようなことを言われたことはないだろうか? さかのぼれば、古来、親たちは子どもに向かって説教し、「自分が子どものころは……」と言いながら過去の自分のほうが今の子どもより優れていたと言ってきたものである。でも、もしそのせりふが真実だったなら、子どもは常に親よりも劣るわけであるから、世代があとになるほど人類は退化してきたはずである。果たしてそうだったのだろうか？　そんなことはけっしてない。

人間の記憶は、あとから書き換えられることがよくある。書き換えられた記憶は自分に都合のよいように美化されることが多いものだ。子どもは夢中になると羽目をはずすし、カッとなるとわれを忘れてけんかしてしまうものである。興味本位で危険ないたずらをしたり、やりたくない宿題をサボったりして大人から叱られた経験は、今のお父さんやお母さんにもきっとある。みんな、本当は子どもに自慢できるほどいい子だったわけではない。

子どもの側は、昔の自分の親と競う気持ちなど全くない。親の過去の話など出さなくてもほめられればうれしいし、悪いことをしたと自覚していれば叱られて反省するものである。昔の自分を美化しても、いずれは化けの皮が剥がされるのがオチである。あまり背伸びせず、自然体で子どもに接してみませんか？

「〜してくれる」という言い方は自信のなさの表れ

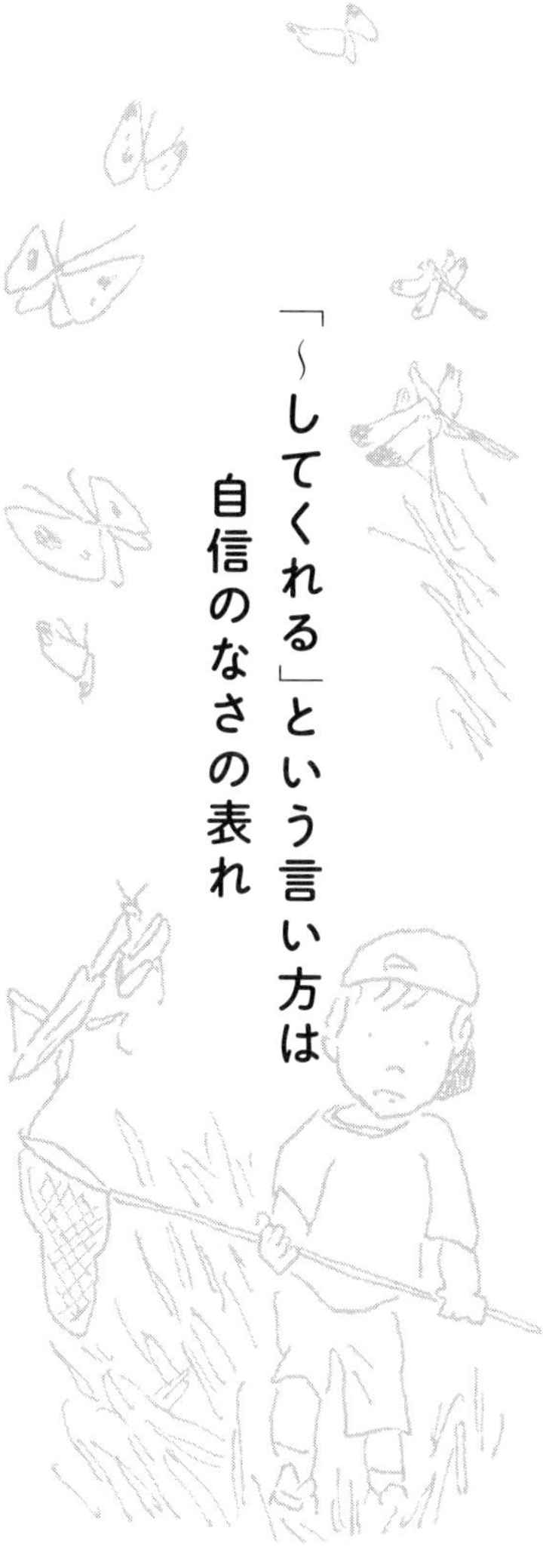

「うちの子はトマトが嫌いだけど、この調理法だったら喜んで食べてくれるんです」というような発言をする親が最近増えた気がする。

「〜してくれる」という言い回しには、親が子どもにお願いしてやっていただいているというニュアンスがある。調理法を工夫するのはよいことだが、それはあくまでどんな調理法なら子どもが食べるかを試すのが趣旨である。子どもは、自分が食べたければ食べるし、嫌ならば食べない。それだけのことだ。親に頼まれたから食べてあげようなどとは考えていない。「うちの子は、この調理法なら食べます」とふつうに言えばよいのである。「食べてくれる」という言い方は、親が子どもにこびている感じがする。

一方、「〜してくれる」という言い方をよくする人は、「〜してあげる」という発言も多い傾向にある。オモチャをせがまれて買ってあげるというのはわかるが、頼まれてもいないのに勝手に部屋に入り込んで「散らかっていたから片付けておいてあげたからね」というのは、余計なおせっかいで、押しつけがましい。

生まれたばかりの赤ちゃんは、自分ひとりでは身のまわりのことも何ひとつできず、生活のほとんどすべてを親に頼っている。多くの親は、そのような子どもの親への依存を本能的に察知し、それに応じる。成長するにつれて、子どもは自分でできることが増えてくる。ひとりでできることは自分でやろうとするし、まだ自信のないことは親に頼りたがる。あるいは、何かの事情で心細くなると、できることでも親に頼りたくなる。そうした子どもの自然な気持ちに、親は淡々と向き合うのがよい。子どもがひとりでやりたがることが増えれば、自分自身の力でやってみる機会を保障すればよいし、子どもが親に頼ってきたときには快く応じればよい。しかし、子どもがまだやる気になっていないことを「やってください」と子どもに頼むことや、子どもが頼んでもいないことを押しつけたりすることは、不自然である。

子どもに対して不自然に「〜してくれる」「〜してあげる」という関係をとる親は、自分に自信が持てず、不安が強いことが多い。自信がないから自然体になれず、無意識に子どもに自分の希望を投影し、頼んでしまう。不安が強いから「子どもに頼られている自分」をことさらに強調することによって安心したくなる。これらの言い方をする親が増えていると感じるのは、自信が持てず不安の強い親たちが増えていることの反映かもしれない。

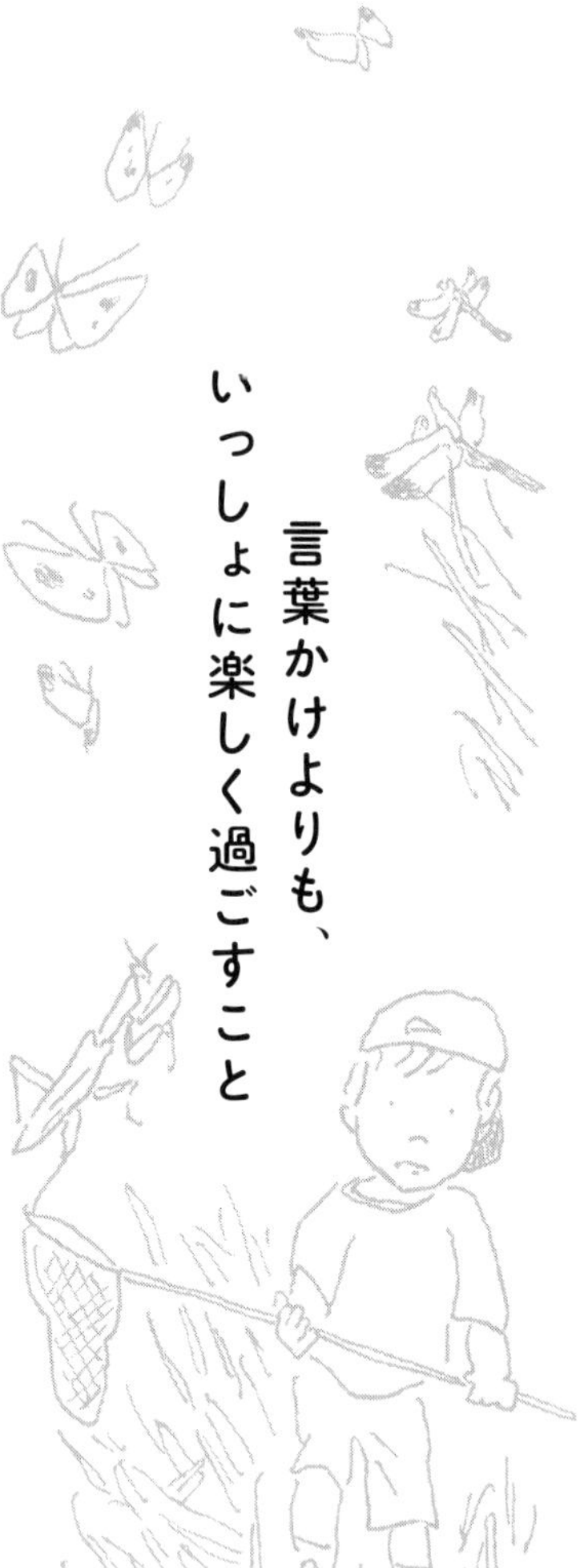

言葉かけよりも、いっしょに楽しく過ごすこと

乳幼児期の子どもを持つ親に、「たくさん言葉をかけてください」と助言する専門家をときどき見かけるが、それは間違いである。

「たくさん言葉をかける」と聞いて、皆さんはどのようなやり方を想像するだろうか？　多くの方は、言葉の量を増やすことをイメージするのではないかと思う。わが子の言葉の発達が遅く、どこかの発達相談でたくさん言葉をかけるよう指導された親たちを見ていると、確かに言葉の量を増やそうと努力している。ただ、実際の発言を書き起こすと、こんな感じである。「ほら、マーくん、見てごらん。ブーブーよ、ブーブー。かっこいいねえ」。この発言は、子どもには、ただの音のかたまりでしかない。

言葉には「物事に名前を持たせる」という役割があるが、この四つの車輪がある物体は「ホラマークンミテゴランブーブーヨブーブーカッコイイネエ」という名前なのだろうか？　しかし、次の機会に同じものを見たとき、親の発言は「ブーブーだね。ほらマーくん、言ってごらん」などと、微妙に変化する。子どもは、結局その物体の名前がわからなくなってしまう。

もうひとつ、言葉には「他の人にメッセージを伝える」という役割がある。一部の子どもは、大人がいつも大量の言葉を投げかけてくると、うっとうしく感じる。この場合、たくさん言葉をかけることが、かえって「他の人にメッセージを伝えたい」という子どもの自然な気持ちを萎えさせてしまう。名前を正確に覚えられないだけでなく、親とコミュニケーションをかわそうという意欲もうまく育たないのだ。

乳幼児期の子どもには、言葉かけは必要最低限にとどめるのがよい。ただし、子どもとの関わりはむしろ増やすべきだ。小さな子どもたちが学びやすいのは、目から入る情報だ。耳から入る情報は、言葉よりもリズムのある音楽のほうがわかりやすい。理屈っぽい言葉をたくさん並べることはさけ、いっしょに楽しく遊びながら笑いやリズムを共有する。子どもが何かに興味を示したら、そのものの名前だけをシンプルに「ワンワン」などと言って聞かせるのである。子どもが何か言葉を発したら、その言葉を復唱する。それによって、自分の発した言葉に誰かが反応することの楽しさを子どもに感じさせる。

言葉を教え込もうとするのでなく、他の人といっしょに過ごすことの楽しさを味わいながら、シンプルな言葉のやりとりを楽しむことが大切。そのためには、親の側にも「子どもと過ごす時間を楽しむ」という気持ちのゆとりが必要である。

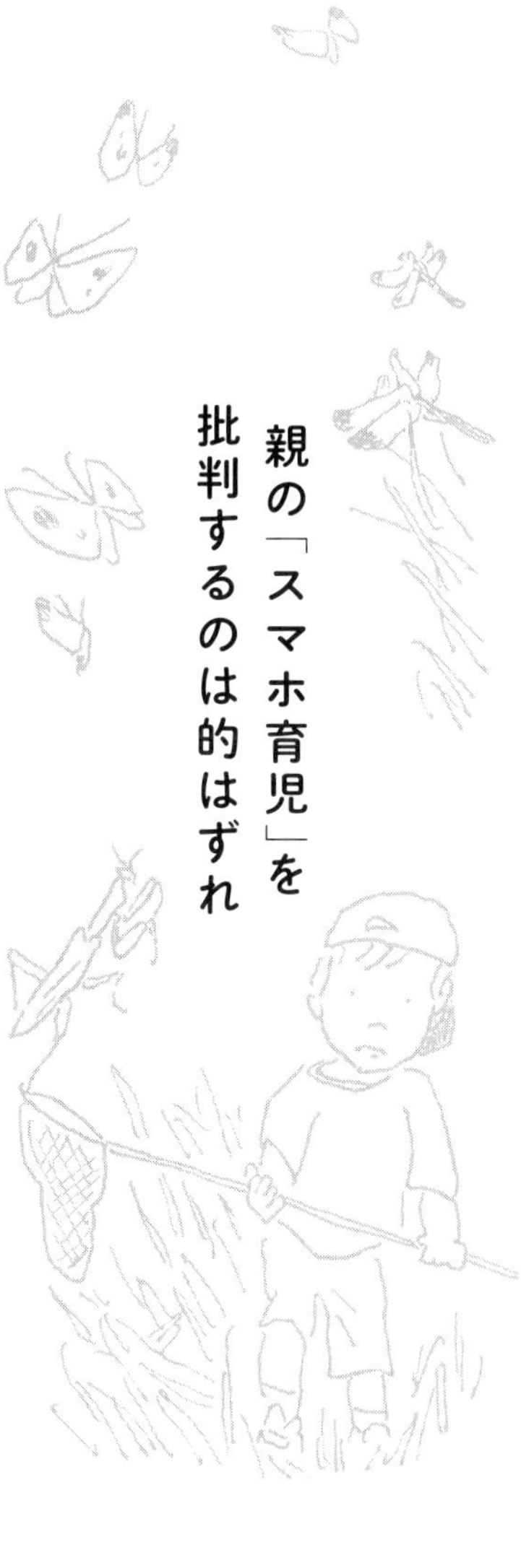

親の「スマホ育児」を批判するのは的はずれ

一部から批判を受けることを覚悟のうえで書かせていただく。

「スマホ育児」なる言葉がある。スマートフォンやタブレット端末が育児に悪い影響を及ぼすのではないか、という印象を与えやすい言葉だ。かつては「テレビは教育上よろしくない」と言われたものだが、その現代版といえる。

僕は先の東京オリンピックの年に生まれたので、いわゆる高度成長期に子ども時代を過ごしてきた。小学生の間はテレビが大好きで毎日見ていた。中学、高校のときは深夜ラジオ番組がはやっていて、眠いのを我慢して聴いていたものだ。若者の活字離れと漫画志向が問題視された世代で、大学生のときは駅の売店で売られていた漫画雑誌はほぼすべて発売日に買って読んでいた。50代の今も、毎週予約録画しておいたテレビ番組は週末にまとめて数時間は見ている。土日も朝から仕事のことが多いので、録画をまとめて見る日は徹夜になる。スマホは片時も離さず持っており、ときどき歩きスマホを妻に注意される。

こんな僕に、スマホ育児を批判する資格はあるのだろうか？　かつて批判されたようにテレビを見せると子どもが健康に育たないのであれば、僕などは育ち方を間違えた不健康な大人の代表だ。教育上よろしくないと言われたものをいっぱい見てきた。でも他人からどう見えるのかは別にして、自分ではあまり不健康だと感じていない。休まず仕事もしているし、いろんなことはあるが、毎日それなりに楽しい生活を送っている。これまでの人生で起きている時間の３分の１くらいはテレビなどのメディアで浪費したような気がするが、別に後悔もしていない。

好きなら、それでよいのではないか？　テレビやラジオや漫画があったおかげで今の自分があると思える部分もたくさんある。もしこれらがない生活を送っていたら、ずいぶんつまらないと感じるのではないか？

おそらく、スマホ育児を批判する人たちは、スマホやタブレット端末があまり好きでない、あるいは苦手なのではないか。自分が興味を持てないもの、上達できないものに子どもたちが熱中し、みるみる上達していくのを見ると、不安になるかもしれない。スマホ育児を批判するひとつに、「スマホを子どもに見せるから、親子の生身の交流が減る」という意見がある。しかし、親子が接する時間が減るのは、スマホが原因とはいえない。親子の交流をしようとしない親は、スマホがなくても交流の時間はきっと増えない。

物議をかもすことを予感しつつ、次項に続く。

スマホの他に好きなことがあれば、問題ない

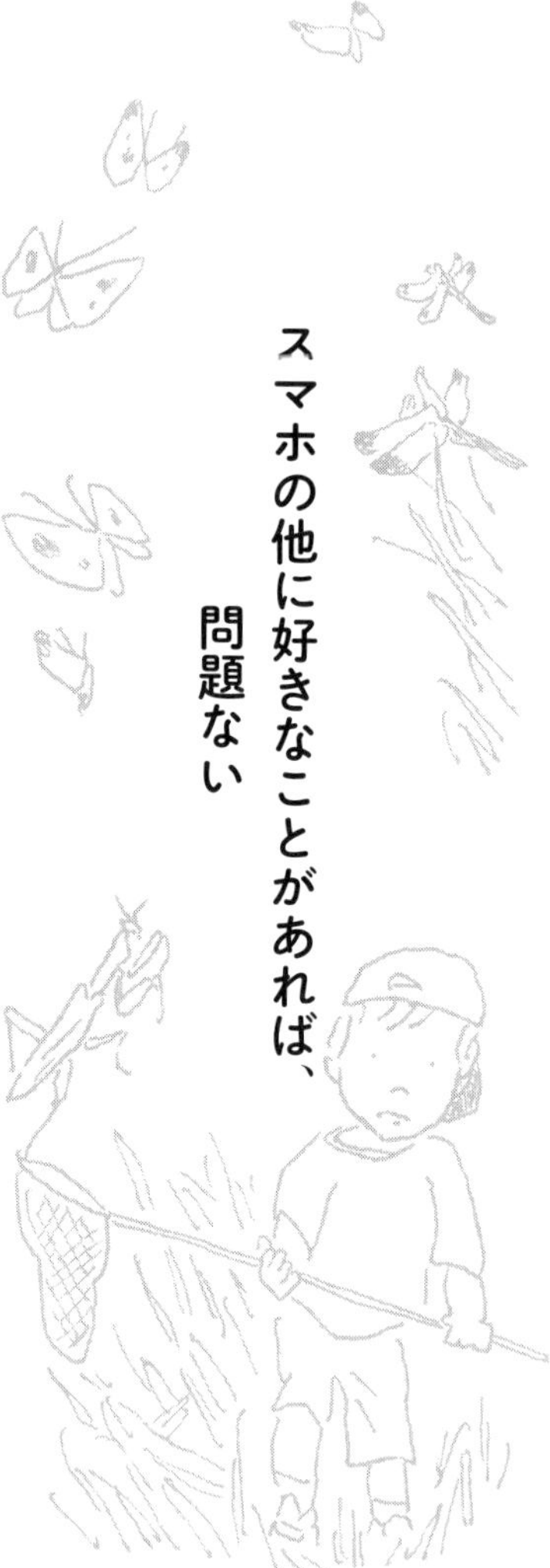

前項に引き続き、スマホ育児の話である。

スマホ育児を問題視する意見のうち、代表的なものを二つ取り上げよう。

ひとつは、「スマホ育児によって親子のスキンシップが減り、子どものコミュニケーションの発達が遅れる」という批判だ。スキンシップの減少やコミュニケーションの発達異常は、スマホ育児が原因とは必ずしもいえない。

スキンシップがいくら重要だといっても、一日中親子が密着しているわけにもいかない。家事をするときなど、子どもにひとりで過ごしてほしいときは必ず存在する。そのようなときに使いやすいのが、今の時代はたまたまスマホなのだ。子どもとのスキンシップが苦手だからスマホを使うという親もいるが、そのような親はスマホがなければ別の手段でスキンシップをさけるだけだ。つまり、スマホはスキンシップ減少の原因でなくスキンシップを減らしたいという需要を満たす手段なのだ。

一部の発達障害の人たちのようにコミュニケーションが苦手な人の中には、人と接するよりもスマホが大好きで得意という人たちがいる。このタイプの人たちは、「スマホ育児が原因でコミュニケーションが苦手になる」のではなく、「対人コミュニケーションよりもスマホが好きだから、結果としてスマホで遊ぶ時間が長くなる」のだ。彼らにとってスマホは知識や教養を身につけるための貴重な手段であり、彼らからスマホを奪うことは、社会参加への鍵を奪うことにも等しい。

もうひとつの意見は、「スマホ依存症になる恐れがある」というものだ。確かに、異常なまでにスマホに執着して他に一切興味を示さなくなり、医療的な対応が必要となる人もいる。でもそれは、ごく一部に過ぎない。多くの子どもは、いくらスマホが好きだといっても、他に好きなことややりがいを感じることがあれば、適当なところでスマホを切り上げて他のこともやる。本当に依存症といえる人は一部であり、スマホばかりやるように見える子どもの多くは、他に好きなことややりがいを感じることがなくなっていることが本当の問題なのだ。これは、「スマホに夢中で子どもを放置している」と批判される一部の親にもいえることだ。彼らは、スマホに熱中した結果として子育てをサボるのではなく、子育てに十分な意欲が持てないためにスマホに手が伸びてしまう。

問題はスマホにあるのではない。スマホに熱中する親や子どもの行動の裏にある心のケアの本質をきちんととらえる必要があるように思う。

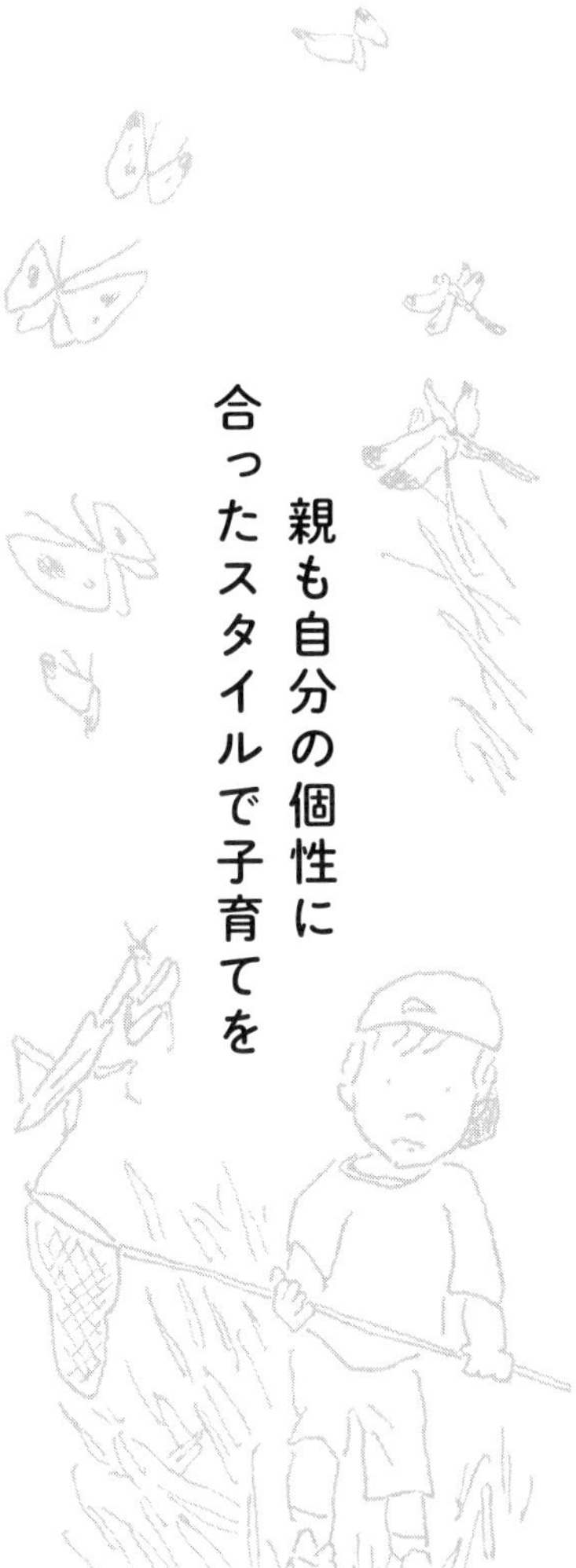

親も自分の個性に合ったスタイルで子育てを

「外で仕事をしている母親と専業主婦の母親、子どもにとってはどちらがいいですか?」という質問を受けることがときどきある。専業主婦よりも外で働いている母親から質問されることのほうが多い。子どもを誰かに預けながら外で働くことに、若干の後ろめたさを感じているのかもしれない。確かに外で仕事をしていると、どうしても子どもといっしょにいる時間は短くなる。そのため、子どもに十分な愛情を注ぐことができないのではないかと気になるのも無理のないことだ。

でも、専業主婦で一日中子どもといっしょにいることが、必ずしもよいとも限らない。二人目の子どもの出産を機に上の子どもが保育園をしばらく休み、家で母親と一日過ごすようになったら、子どもが急に聞き分けが悪くなり、情緒不安定になってしまったという話も耳にすることがある。母親といつもいっしょにいるとはいっても、母親が下の子の世話で忙しくてなかなか上の子とじっくりと遊んでやることができないのだ。このような場合、保育園に復帰するとかえって問題がおさまることもある。

家の用事など他にやることがたくさんあると、かえって子どもとじっくりいっしょに遊ぶ時間をとらずに漫然と一日が過ぎてしまう。子どもはなんとなく不全感を持ち続け、不安・不満が残る。逆に、短い時間でも目いっぱい遊んでもらえると、子どもは満たされる。

母親の性格もさまざまだ。外で仕事をしているほうがうまく気分転換できるという人もいる。この場合、離れている時間があるからこそ、保育園に迎えに行って半日ぶりに子どもと再会したときに子どものことが一層かわいく思える。一日中子どもと過ごしていると、お互いイライラして煮詰まってしまい、かえって子どもをうとましく感じてしまうこともある。もちろん、一日中子どもと過ごしているほうが楽しいと感じる人もいる。人によって感じ方は異なるので、自分に最も合った生活のスタイルを探していくのがよい。母親が自分に合ったスタイルを見つけて心が安定することは、子どもの心の健康にもつながることが多い。

親の存在は大きな比重を占めるとはいえ、子どもの心の健康が親子関係だけで決まるわけではない。保育園、幼稚園、近所の公園、親戚の家など、子どもが入っていくさまざまな環境からの刺激のバランスが重要だ。母親が外で仕事をするかどうかだけですべてが決まるわけではないので、お母さんたちはけっして後ろめたく思わずに自分に合った生活スタイルを選んでください。

CHAPTER 5

個性を輝かせる ほめ方・叱り方

子どもが
得意に思っていることをほめる

子どもはほめて育てたい。子どものとき十分にほめられて育つと、心の健康な大人に成長する。逆に、あまりほめられることなく育った大人は自己評価が低く、うつなどなんらかの心の問題をもつリスクが高くなる。

しかし、ほめることが難しいと感じる人は多い。乳幼児だと、何かちょっとでもできると、大人たちは「すごい！」とほめそやす。しかし年齢が上がるにつれて、ほめたいと思えることが減ってくる。逆に、やるべきことを子どもがやらず、叱ることのほうが多くなる。小学校高学年ともなると、親の言うことなどちっとも聞かないし、勉強などそっちのけでゲームばかりやっている。ほめることなど、どこを探してもほとんどない……。

親がほめたいことと子どもがほめられてうれしいと思うことは、じつは異なる。親がほめたいのは、子どもが苦手なことや嫌なことでも我慢して努力したときや、大人の定めた規範を子どもが守ったときなどである。一方、子どもがうれしいのは、得意なことをほめられたときや、自分で課した課題をやり遂げて達成感を味わったことをほめられたときなどである。勉強が大好きで得意な子どもなどでは、両者が一致する。しかし、そのようなケースはごく少数派である。

親は、子どもが努力しなくてもできることはほめない傾向にある。しかし、得意なことは、あまり努力しなくてもできるから得意なのである。それを親に認められることによって、子どもは自分の存在を大事に思われているかどうかを感じる。努力しないとほめられないということばかりが続くと、子どもは自分の存在価値を否定されているように感じる。

もちろん、何でもほめればよいというわけでもない。子どもが得意とも思ってぃないし達成感も味わっていないことをほめると、それはそれで「この人は自分のことをわかってくれていない」と感じさせてしまう。大事なのは、メリハリである。子どもがほめられるとうれしいと思うことをしっかりほめること。ほめられても何とも思わないようなことで歯の浮くようなほめ言葉を言わないこと。

たとえば、勉強は嫌いだがゲームは得意という子どもの場合はどうしよう？　子どもが難しいゲームをクリアしても、親は「ゲームなんかやっていないで早く宿題をやりなさい」などと叱っていることが多いと思う。ここはせめて、難しいゲームをクリアしたことについて「すごいね」くらい声をかけておこう。それから「で、宿題は？」とおもむろにうながしていただきたい。

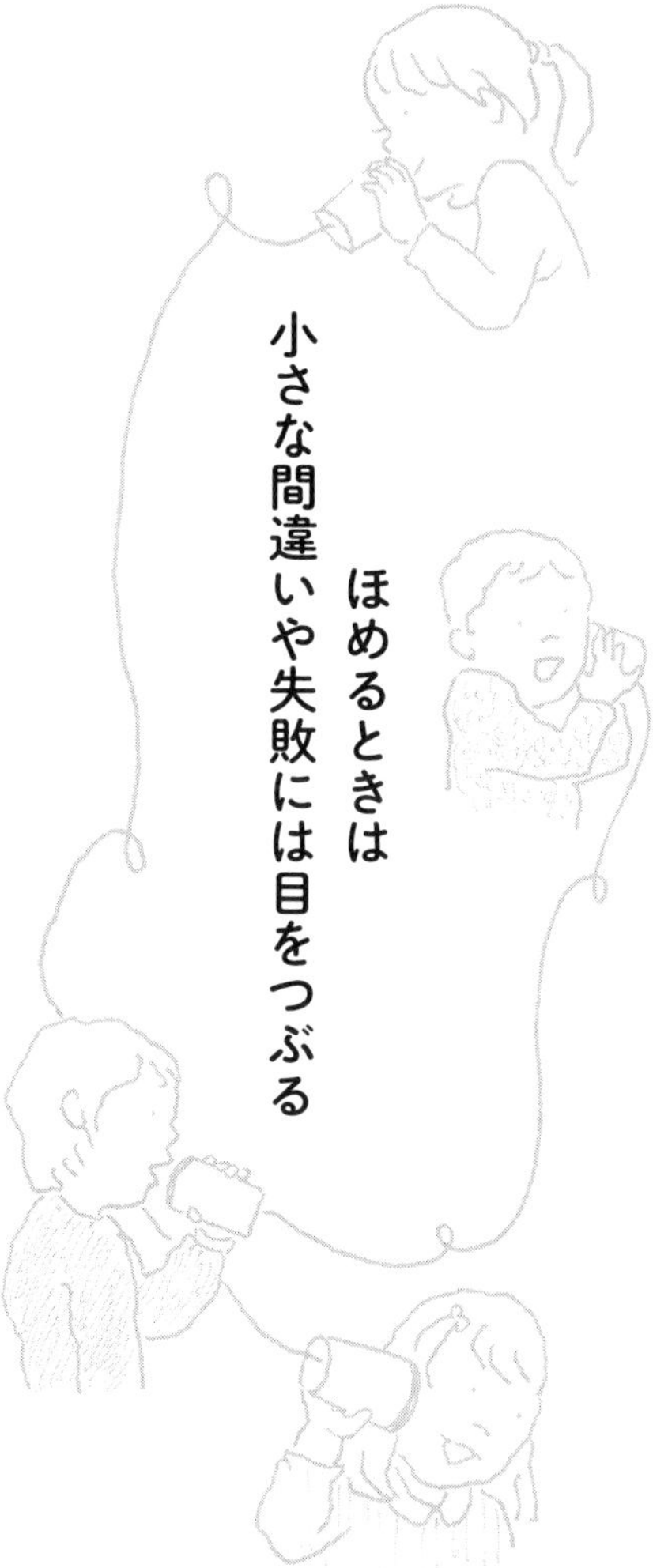

ほめるときは小さな間違いや失敗には目をつぶる

あなたが何かの仕事をとても頑張って終えて、自分なりに満足のいく仕事ができたと思っているときに、全体から見ると取るに足らないような細かいミスを指摘されて反省をうながされると、どんな気持ちがするだろうか。何十ページにもわたる報告書を書き上げたときに、上司が内容をほめずに数ヵ所の誤字・脱字を指摘したら？　家の大掃除を頑張って仕上げたのに、家族にわずかひと部屋のたんすの後ろ

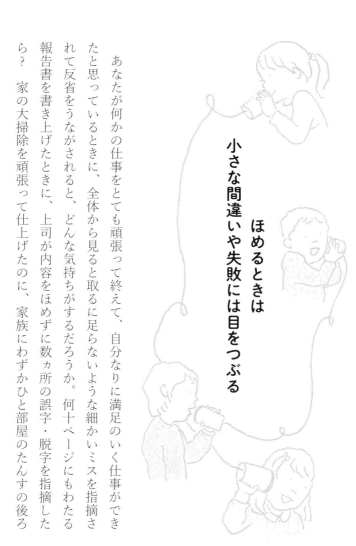

のごみが残っていることのクレームだけを言われたら？　おそらく相手の人間性を疑うのではないか。

　では、あなたに5〜6歳くらいの子どもがいるとする。あなたの誕生日にその子どもが覚えたての平仮名で誕生日カードを書いてプレゼントをくれたとして、そのカードに書かれている字に間違いなどを発見したとしたら、あなたならどうするだろうか。研修会などで参加者にこのような質問をすると、「まずありがとうとお礼を言いつつ、字の間違いを指摘して正しい字を教えてあげる」と答える人が必ずいる。これだと、子どもは「せっかく頑張って書いたのに叱られた」と感じてしまう。冒頭の大人の話と同様、後味が悪い。

　大人は複雑な思考が可能だから、的確にほめられたうえであれば、さらによい結果を求めてわずかに残る問題点を指摘されても、好意的に受け止めることができる。しかし子どもは、一度に二つ以上の内容を受け止めるのが難しい。カードを一生懸命書いたことをいくらほめられても、そのあとで誤字を指摘されると、最初にほめられたという事実が吹き飛んでしまい、叱られたことだけが記憶される。しかも、何らかの感情とともに学習したことはなかなか忘れられないので、このような経験を何回か繰り返すと、「頑張ってもどうせ叱られるだけ」という学習を、悲しみや無力感とともに心に刻みつけることになってしまう。大人への信頼感も形成できない。

大人は子どもにいろんなことを教えなければならないから、大変だ。何かがうまくできたときはほめ、できなかったときは正しいやり方を教え、間違えたときは訂正する。当たり前のことのように思える。でも、相手は子どもなので、一度に学べることには限界がある。ひとつの場面、ひとつの課題で学べることはひとつ。ミスせず課題をこなすことが最も重要な場面では、ミスしないことを最優先し、ミスしたら確実に指摘すればよい。でも、本人が自発的に頑張ったときなどは、頑張ったことをたたえるだけにとどめておく。ミスを訂正するのは別の機会に回せばよい。

わが子がほめられたら、謙遜しないで感謝する

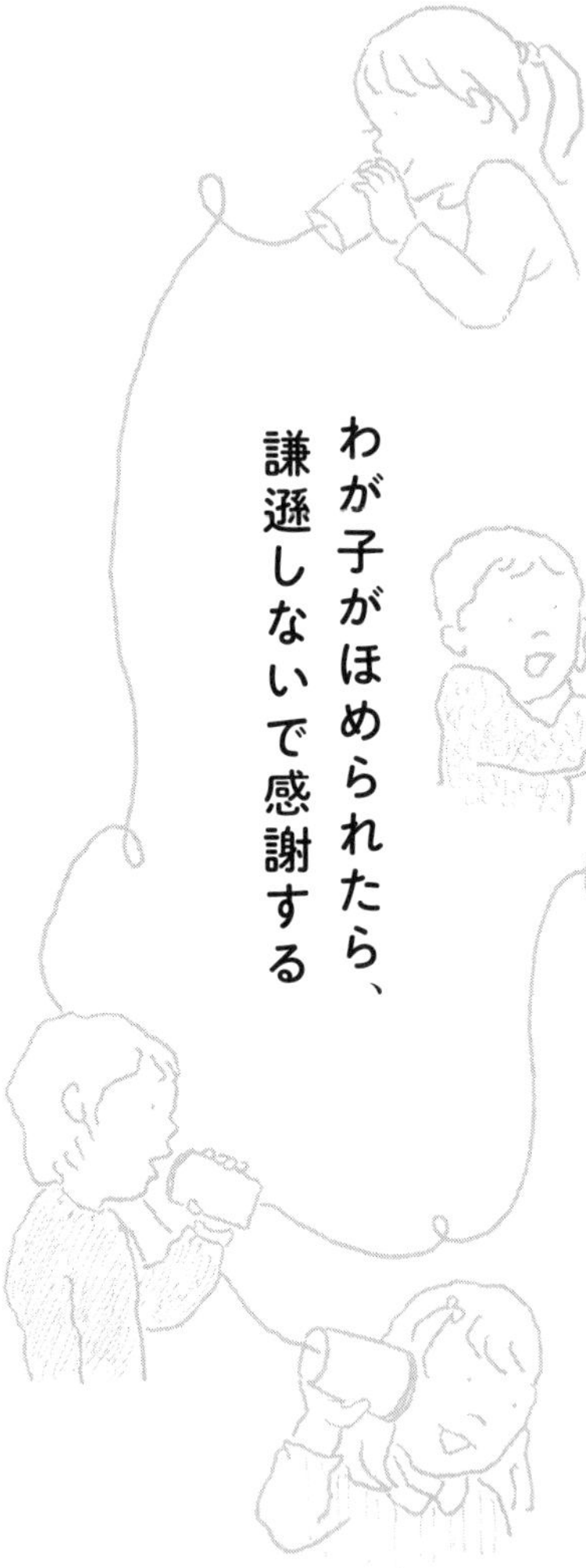

わが国には、「あまり自慢するのはみっともない」という文化がある。内心では得意に思っていても、あからさまには自慢しない。むしろ謙遜するほうが好感をもたれる。また、「身内」という言葉があるように、家族は自分の一部とみなされるので、わが国で家族をほめることも、みっともないとみなされる。もともとは他人だから結婚する前は周囲にのろけ話ばかりしているのに、結婚したとたんに人前で

は相手をほめなくなるということは、わが国では当たり前のことだ。

子どもに対しても、そうである。ふだん、子どものよいところをしっかり認めてよくほめている親でも、よその人にわが子をほめられると、謙遜して「たいしたことありません」「まぐれですよ」などと、つい言ってしまう。僕自身、自分の子どもを人からほめられたとき、本人の目の前で思わず謙遜の言葉を発してしまい、ハッとしたことが何度かある。

これって、子どもはどのように感じるのだろう？　さっきまではほめていたのに、今度は否定する。どちらが本音なのかわからず、当惑してしまう。親は「身内だから謙遜して当たり前。よその人には謙遜しているけれど、本当はほめているんだよ」と説明することは、まずないだろう。そんなことといちいち説明しなくたって、子どもには気持ちが伝わっているから大丈夫、と高をくくっているはずだ。

でも、子どもたちは親の態度に敏感だ。ちょっとした言動の矛盾でも、気になってしまう場合がある。同じことをほめたり否定したりされて一貫性がないと、その人のことが信用できなくなってしまうかもしれない。

では、自分の子どもを誰かがほめたときは、どのように応じればよいのだろうか？　これが意外に難しい。子どもの立場から見ると、親も同調してほめてくれるのが最もうれしい。しかし、たとえば「○○ちゃんは絵が上手だね」とよその人がほめたとき、親が「そうなんですよ。うちの子は絵が得意で……」と言うと、残念ながらわが国では自慢し過ぎと思われてしまうことが多い。

このようなとき、親はほめてくれた相手に対して「ありがとうございます」とお礼を言い、次いで子どもに「(ほめてもらって) よかったね」と語りかけるとよい。これだと、相手にあまり悪い印象も与えず、かつ子どもを傷つけるような謙遜をする必要もない。子どもにとっても、親の態度が一貫して見えるはずだ。もちろん、ふだんからよくほめることが重要であるのは言うまでもない。

「走らないで」という叱り方に本気度が表れる

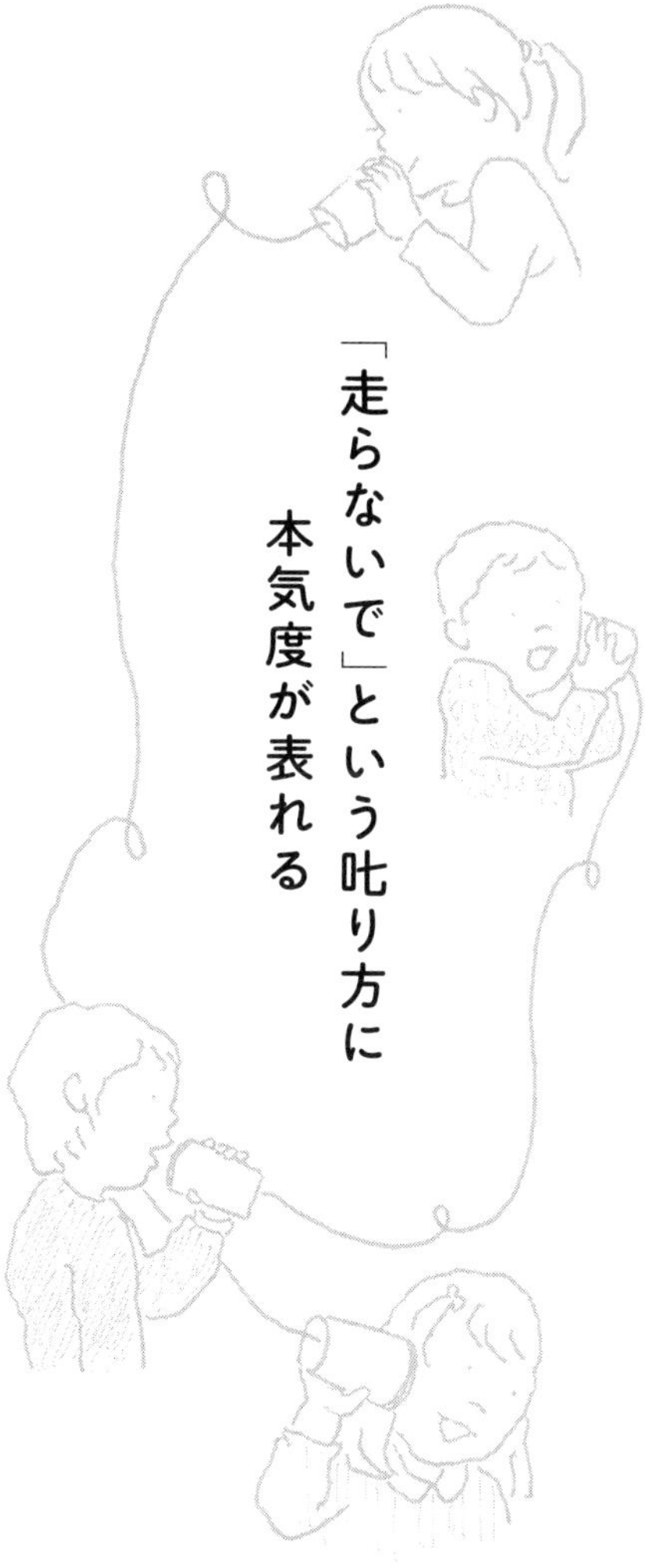

親が子どもを叱ったり注意したりするのは、子どもがいけない行為をしたと思ったときである。これには、どなたも異論はあるまい。では、叱ること、注意することの目的は何だろう？

「いけない行為をやめさせること」と言う人が多いと思う。

ここで、次の場面を思い浮かべてほしい。人通りが多い場所を歩いている親子連れがいる。突然、子どもがうれしそうに走り出す。親は声を荒らげて「走らないで！」と声をかけるが、子どもはそのまま走っていく。誰でも見たことがある、あるいは身に覚えのある光景だ。親が注意しているにもかかわらず、子どもは行動をやめない。でも親も、それ以上に、たとえば駆け寄って子どもを捕まえて止めることなどはせず、後ろから平然と歩いていたりする。このような場面では、親が叱ることや注意することの目的は、いけない行為をやめさせることではないように見える。

このような叱り方や注意の仕方をするときの親の目的は、「子どもが言うことを聞かないだけで、自分は親としてやるべきことをちゃんとやっている」と他者にアピールするための、いわば「アリバイ作り」だと思う。子どもの行為を本気でやめさせるつもりなどない。このようなやり方で叱責や注意をしている親は、「けっしてそんなつもりはない」と言うだろう。でも、もし本気でやめさせたいのであれば、声かけだけして後ろからのんびり歩くようなことはせず、身体を張って子どもを止めようとするはずだ。もっと工夫のできる親であれば、子どもが浮かれて走り出しそうな場所に行くときは事前に「走らないように」とくぎを刺しておくか、口頭の注意ではまだわからない子どもであれば、その場所にいるときはあらかじめ手をつないでおく。手をふりほどいて走り出すような子どもであれば、そのような場所に連れて行かない。それが、本気というものだ。

面白いことに、声かけしかしないというのが本当に親のアリバイ作りであることが、ときどき明らかになる。走っていた子どもが何かにぶつかったり転んだりして泣くと、あとから追いついた親は決まってこう言う。「ほら、だから走るなって言ったでしょ?」。つまり、親はやるべきことはやったが、それを聞かなかった子どもが悪い、と自分を正当化して子どもに責任をなすりつけているのだ。親が自分のことを本気で心配しているかどうかを、子どもは敏感に察知するものだ。親が保身と責任転嫁ばかりやっていると、子どもは親を信じられなくなってしまう。

吐るなら本気で「子どものため」を思って

近年、子どもを叱るのはよくないという風潮がある。一方、「今の自分があるのは、親が叱ってくれたおかげだ」と思っている大人が多いことも事実である。「子どもは叱って育てないとろくな人間にならない」という意見を述べる親にも、しばしば出会う。子どもがよくないことをして、誰も叱らないでいると、子どもは社会常識や倫理観を身につけ損なってしまうのではないかと心配だ。叱ることについて、多くの大人たちが迷っている。

「叱る」と似た行動は、たくさんある。「指摘する」や「注意する」は、冷静でニュートラルな感じ。「とがめる」「責める」「非難する」は「叱る」に近いが、相手のためにに行うよりも自分に非がないことを強く主張するニュアンスが強い。「ののしる」「糾弾する」「つるし上げる」などになってくると、もはや相手への攻撃だ。「怒る」は、行動ではなく感情である。「怒る」と「叱る」とが混同して使われることがあるが、それは、自分の怒りを我慢できず、不満を解消するために子どもを責めたてることを「叱る」と混同するのである。「叱る」という言葉だけには、相手のために行う教育的行動あるいは思いやりに基づいた行動というニュアンスがある。

叱ることの是非を考えるときには、「子どものため」という視点が重要だ。自分の感情のおもむくままに相手を攻撃するのは、虐待だ。逆に、よくない行動をとる子どもに対して、そのことを全く指摘せず傍観しているのも、「子どものため」という視点がない点では同じで、これは一種のネグレクトである。

「子どものため」という気持ちは、当の子どもに伝わらなければ全く意味がない。叱るのであれば、「この人が叱るのは自分のためを思っているからだ」と子どもが感じるように叱るのが理想だ。そのような叱り方であれば、1回で子どもは改める。だから、叱り方の上手な親は、じつはめったに叱らない。同じことで何回も叱るのは、子どものためでなく自分の怒りを解消する行為でしかない。これだと子どもはピンとこないか、かえって反発してしまう。

叱るのが上手な親はほめ上手でもある。本当に自分のことを思ってくれる人は長所もしっかり見てくれることを、子どもたちは知っている。そのような人をこそ、子どもは信頼するし、叱られると「自分のためを思ってのことだ」と直観的にわかるのである。

子どもと接する機会の多い大人の皆さん。ご自分の「叱り方」をときどきじっくり見直してみていただきたい。

「ダメ」と叱るより ポジティブシンキングで

「ポジティブシンキング」という言葉がある。ふつうだったら落ち込んでしまうような不運なことや失敗も、「これ以上は悪くならないから、これからは上向きだ」「この失敗があったからこそ学べたことがある」などとプラスに考えることを指す。その反対は「ネガティブシンキング」。何かよいことがあっても、「この程度ではたいしたことはない」「今よくても結局はうまくいかない」などと、マイナスの

方向に考えてしまう思考パターンだ。

一般に、ネガティブシンキングをしがちな人は自信が乏しく、不安が強く、ストレスに弱く、挫折しやすい。うつ病や不安症になると、そのような思考パターンに陥りやすい。多少のネガティブシンキングは慎重な態度や冷静な判断につながるので、すべて悪いわけではない。とはいえ、何でもまず否定的に見るという習性が強すぎると、生活が楽しくない。

軽いうつ病の人たちが自分のネガティブシンキングのパターンを意識的に変えてみる練習をするような治療法もある。その代表が認知行動療法だ。いったん身についてしまったパターンを変えるのはそんなに簡単ではないように思えるが、やってみると意外にうまくいくこともあり、精神科では有効な精神療法のひとつとしてよく行われている。でも、できれば子どものころからポジティブシンキングの習慣が身についているほうがよい。どうすれば子どもにポジティブシンキングの習慣が身につくのだろうか？

子どもがネガティブシンキングに陥るのをさけ、ポジティブなものの見方ができるようになるためには、親が子どもの前でなるべく常にポジティブシンキングしている様子を見せることが重要だ。ポジティブシンキングというとなんだか難しそうだが、ちょっとした工夫でずいぶん違う。その工夫とは、否定文や禁止の言葉を使わず、肯定文や提案の言葉を使って話しかけること、そしてほめる機会を増やすことだ。

たとえば、遅刻した人に対して「遅刻しちゃダメじゃないか」と言っても、すんでしまったことはどうしようもない。こういうときは「次からは間に合うように来てね」と言えばよい。危ない場所に行こうとする幼児に対して「そっちに行っちゃダメ」と言うよりも、「こっちにおいで」と言えばよい。とくに「ダメ」をよく使うお父さん、お母さんは、普段から「ダメ」と言いそうになったら、ちょっと立ち止まり、肯定文だとどう言えばよいのかを考えてみていただきたい。

叱らずに問題を解決していた保育士さん

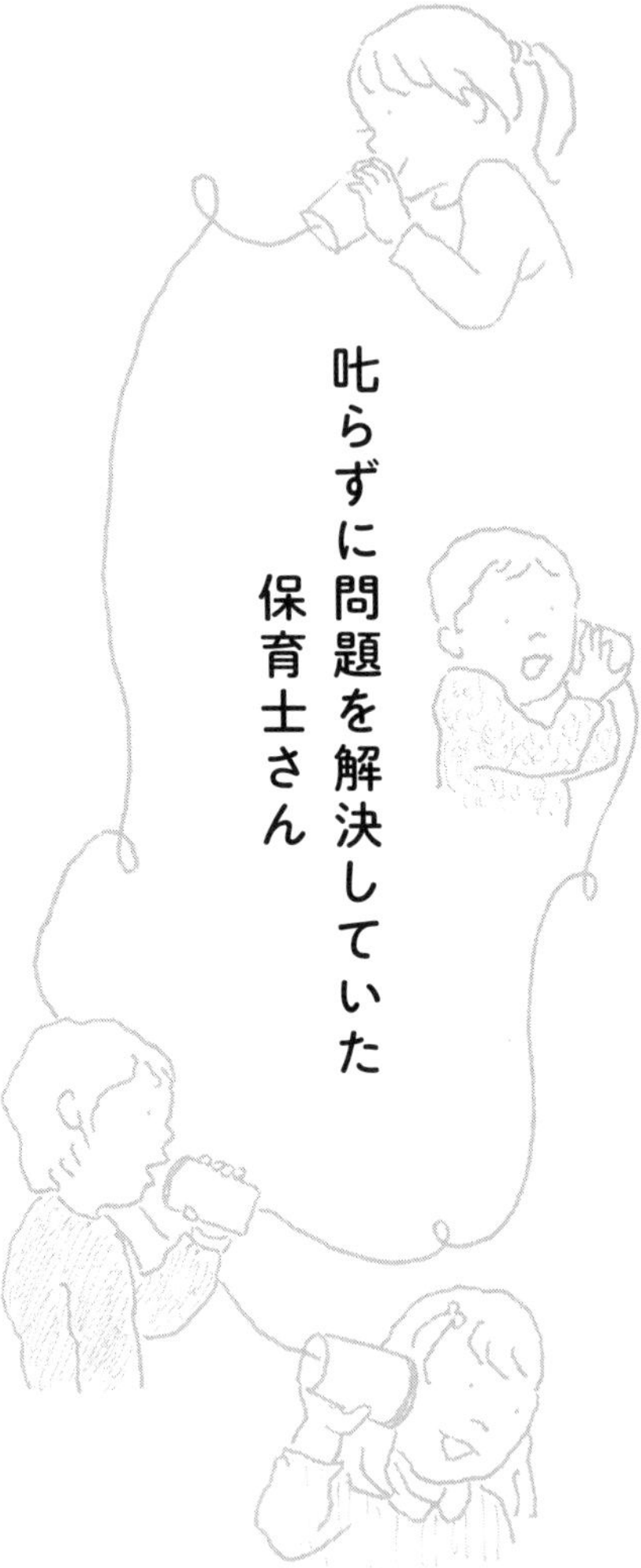

ある保育園を訪問させていただいたときのこと。

子どもたちが園庭に出て遊んでいる間に、園長先生が保育室の中を見学させてくださった。そこへ、保育士さんが3歳くらいの男の子と手をつないで部屋に入ってきた。保育士さんが僕たちとあいさつしていると、その子は先生の手を離して部屋の中にあったホワイトボードのほうに向かった。ホワイトボードには、その日の予定や保育士さんの覚え書きのようなことが書かれていたのだが、その子はおもむろにそれらを消し始めた。気づいた保育士さんは、あわてて駆け寄ったのだが、そこから保育士さんのとった対応に、僕は感心してしまった。

「あらあら、消えたらまずい」と言いながら、その保育士さんは男の子が手にしていたイレーザーをさっと取り上げ、もう一方の手で相手の手を取って「こっちにおいで」と言ってホワイトボードから離し、そのうえで消された内容を書き直した。その後はイレーザーをホワイトボードのわきには戻さずに、男の子としばらくいっしょに過ごしていた。一連の対応の中で、子どもに注意することがないどころか、声を荒らげることすらなく、淡々と対応されていた。

この保育士さんは、「イレーザーで消した」という子どもの行動でなく、「消されたら困る内容の書かれたホワイトボードとイレーザーを、すぐに子どもの目に入るような場所に置いていた」という自分の行動に対応したのだ。悪かったのは自分のとった行動なのに、子どもを叱るのは筋違いだ。こういうときは、なるべく早く、かつさりげなく、子どもの注意をそらすに限る。サッとイレーザーを取り上げ、「ダメ」などと余計な注意をしなかったので、子どもはあたかも自分がイレーザーを持っていなかったかのようにあっさりと手放し、ホワイトボードへの注目をやめたのだ。

もちろん、「○○くん、消さないで！」とするどく一声かければハッと気づいてやめる子どもなら、保育士さんはそうしていただろう。この男の子は、まだ声かけによる注意ではわからない発達段階の子だった。そのことも保育士さんはよくわかっていた。

個々の子どもを知り、問題が生じたときに要因を瞬時に分析して素早く対応する。この間、保育士さんは笑みをたやさず、男の子も終始穏やかな表情だった。この保育園全体の雰囲気も同様で、保育士さんたちはみな明るく穏やかで、子どもたちはとても楽しそうに過ごしていた。子どもの健全な情緒を育てるために大切な実践のひとつのあり方を、この園に見たように思う。

CHAPTER 6

やる気が育てば 個性はさらに伸びる

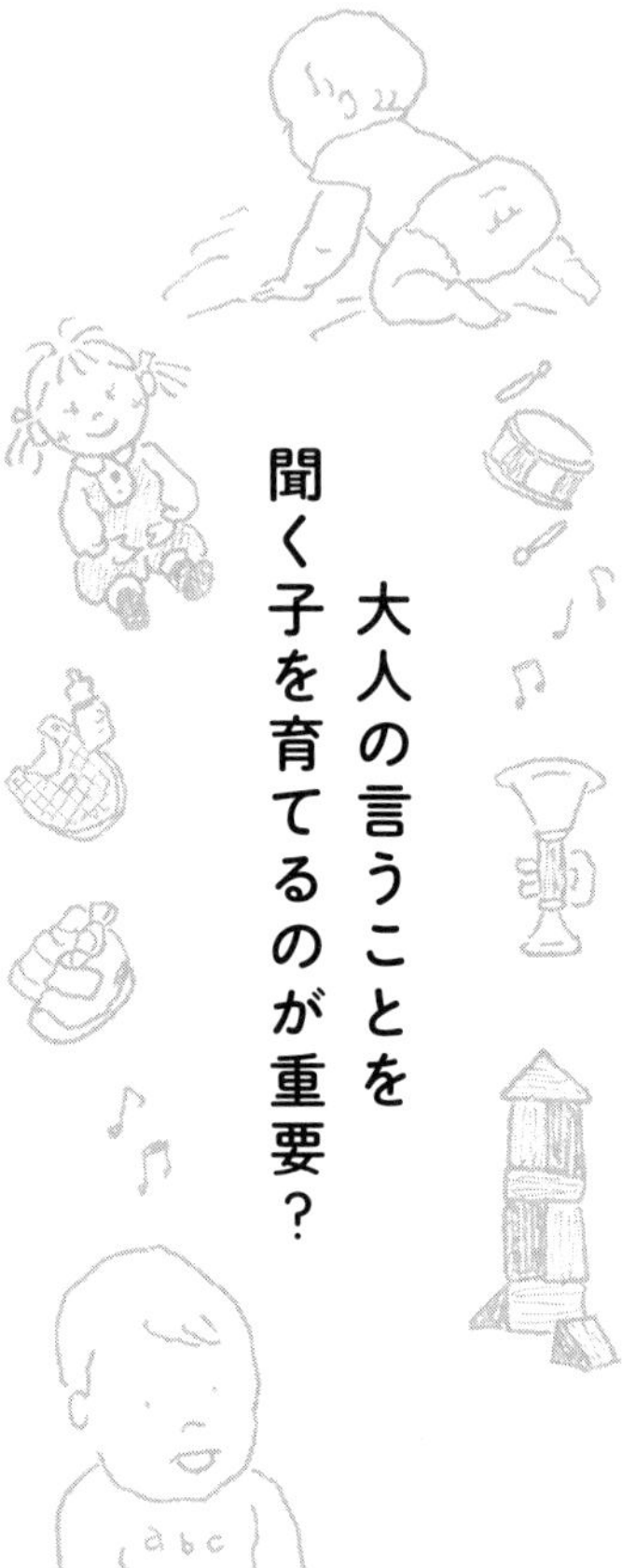

大人の言うことを聞く子を育てるのが重要？

多くの小学校では、秋になると翌春に入学予定の子どもたちの保護者向けに、説明会が行われる。そこで配布される資料を保護者に見せてもらい、その内容に驚くことがある。

今回取り上げるのは、こんな内容が書かれたプリントだ。「学校は幼稚園や保育園と違って、勉強する場所です。今は走り回って遊ぶことが中心ですが、学校に入ったら教室でイスに座って先生の話を聞くことが中心になります。学校では、座っていられる力や集中して話を聞く力が大切です」……。

保護者は、これを読んでどう考えるだろう？「うちの子は40分もじっと座って先生の話が聞けるようになるだろうか？」などと、学校から求められている状態に子どもたちが到達できるか心配になる人が多い。中には「座って人の話を聞く」ことの練習を家で始める保護者も出てくる。

でも、ちょっと待ってほしい。もし、「座っていられる力や集中して話を聞く力が大切です」の前に「先生の話がどんなにつまらなくても」という言葉を入れたら、印象がずいぶん変わらないだろうか？

小学生が授業中に座っていられるかどうか、先生の話に集中できるかどうかは、子どもの能力や努力だけでなく、いや、それらよりも、授業が面白いかどうか、先生の言っていることがわかりやすいかどうかにかかっている。面白いと思えば身を乗り出して集中して聞くが、つまらなければ座っているのがつらくなる。大人でもそんな場面はたくさんある。それなのに、学校で子どもに対してだけは、授業や活動の面白さによらずじっと座っていろ、集中しろと言うのは、大人の身勝手だ。学校が幼稚園や保育園と違って座って先生の話を聞く場所だと言うのであれば、校長は保護者ではなく新1年生の担任たちにこのプリントを配り、「新入生がイスに座って集中して話を聞けるような魅力的な授業になるよう、先生たちは工夫するように」と指示するのが筋だろう。

わが国では、「大人の指示に子どもを従わせたい」と考える大人たちが多い。診察でも「子どもが親の言うことをちっとも聞かない」という話題は多いし、子どもを学校に送り出すときに「先生の言うことをよく聞くんだよ」と言う保護者もいるだろう。でも、大人がいつも正しいとは限らない。理不尽な指示であれば、従うべきではない。大人の指示に従うことを子どもに求めるのではなく、子どもが心から納得して自発的に行動できるよう大人が配慮することが大切だ。

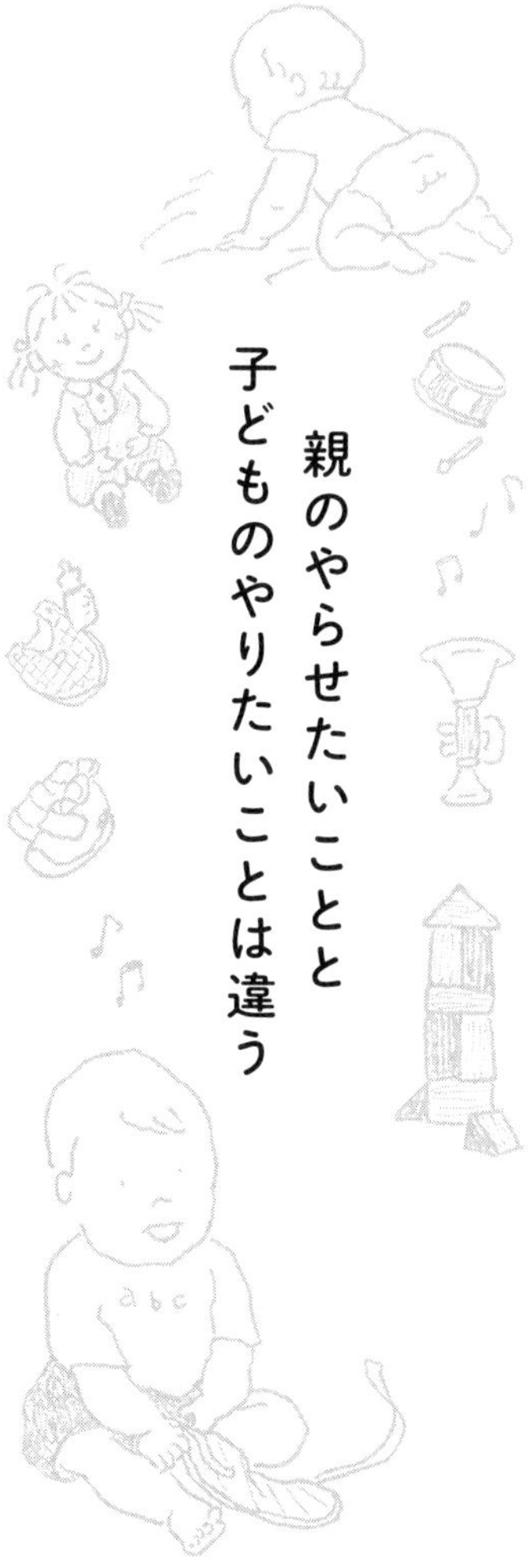

親のやらせたいことと子どものやりたいことは違う

限られた時間の中で何かをやるということは、代わりに何かをやらないか後回しにすることでもある。何を優先するのか、みんなの意見が一致するときもあれば、対立するときもある。

多くの親が頭を悩ませるのが、何かをやらせたいと思っても子どもがやろうとしないことである。裏を返せば、子どもは他にやりたいことがある。親側から見ると

「子どもが親の言うことを聞かない」という話である。このようなとき、強権発動して親の指示に従わせることも多いと思う。乳児のしつけの一部では仕方ないが、幼児期以降にいつまでも親が強権発動していると、子どもが困難にすぐ挫折してしまう人に育つ可能性がある。

人は、モチベーションの高いことほど頑張るものだ。ゲームが大好きな子どもは、何を差し置いてもゲームを優先する。ゲームの中で難しい場面に遭遇しても、かえってやる気が出たりする。好きなこと、目標がはっきりしているものであれば、多少の困難は意欲的に乗り越える。そのような子どもに対して、たとえば宿題をさせるために親がゲームを取り上げると、親は子どもにとって「どんなに頑張っても克服できない壁」になってしまう。これが何度も続くと、子どもは自分が無力で困難に打ち勝てない人間であるという意識を植えつけられる。「わが子には世間の荒波にもまれても耐えられるようになってほしい」などと言う親によく出会うが、本気でそう思うのなら、子どものやりたいことを無理やりやめさせようとしてはならない。強権発動を乱発する親は、自分自身が子どもにとって克服できない荒波そのものであり、ときに恐怖の対象となってしまう。

もし自分の意志を強く持ち、困難にも克服しようと立ち向かえるような人にわが子を育てたいと思うなら、親は子どもの自己判断力とモチベーションを育てる努力をすべきだろう。なぜ今子どもがそれをやるべきか、やらないとどうなるか、子どもがやりたいことはなぜ今ではダメなのか、いつならばやってよいのかを丁寧に説明したうえで、それでも最終的には子どもの自由意思による決定を保障する必要がある。そのときは嫌でも長期的視点に立てば今やるべきであること、やりたいことが今ではないがあとでならできることを子どもが納得すれば、自己決定できるはずだ。あくまで自由意思であって、恐怖による押しつけとならないよう気をつけなければならない。

子どものやる気は好きな分野で育っていくもの

試練への対処の仕方にも個性がある。どんな困難にでも立ち向かっていく打たれ強い人もいれば、ちょっと誰かに注意されただけですぐにくじけてしまう人もいる。失敗しそうなことをうまくさけて要領よく振る舞う人もいる。

「最近の若い人は我慢がきかない」と年配の人たちがぼやくことがある。「昔は厳しい指導にも歯を食いしばって耐えたものだ。今の若い人は、仕事でも勉強でも、ちょっと厳しくされるとすぐにやめてしまう」といった話を耳にすることは多い。叱る育て方や「俺の背中を見て盗め」といった指導法についてくる若者が少なくなったのは、事実だろう。でも、だからといって今の若者が昔に比べて仕事ができないというわけでもない。多くの困難を乗り越えて素晴らしい業績を上げる人はたくさんいる。

人は、目標があるかないかでモチベーションが違ってくる。少し頑張ったらある程度の手ごたえを感じたという経験を繰り返していくことで、モチベーションが打たれ強さにつながっていく。目標がなかなか持てない環境で育った子どもや、親や教師から高すぎる目標を設定され、頑張ってもなかなか達成感を得られない経験を繰り返してきた子どもは、試練を克服するエネルギーが蓄えられにくい。多少なりとも打たれ強く育ってほしいと思うなら、子どもがまだ小さいうちは、なるべく身近で簡単にクリアできそうなことを目標にして、達成感を蓄積させ、モチベーションを高めていくような育て方をするのがよい。小さいときに無理な努力を強いると、達成感が得られず、かえって打たれ弱くなってしまう。

打たれ強い人でも、打たれても平気な分野とそうでない分野がある。野球の練習ならどんなに過酷でも耐えられるプロ野球選手が、「学生時代に英語や数学の授業中は居眠りしていた」などと平然と言っていたりする。そんな野球選手は、数学の先生から見ると「ちょっと難しい問題を出されるとすぐにやる気をなくす打たれ弱い人」に見える。どの分野なら打たれ強く育つ可能性があるのかは、個人差がある。それをひとりひとりについて見定めることも重要だ。

「今の若者は頑張りがきかない」と嘆く人たちの近くにいる若者たちは、その仕事に目標が持てていないのだろう。その理由は、育ってきた過程にあるのかもしれないし、与えられた仕事がその人に向いていないのかもしれない。あるいは、職場環境が若者に「頑張ろう」と思わせる魅力に乏しいのかもしれない。それを分析してみる必要がある。

自分で立てた目標のためなら子どもは我慢できる

「我慢しなさい」と「諦めるな」は、大人たちが子どもに求めることの中でも東西の横綱格と言ってよい。「ここが我慢のしどころだ」というのは、今はつらいけれどどこを切り抜けるとゴールが見えてくる、という状況で使われる言葉だ。この場合、「我慢する」とは「諦めない」ということである。一方、自動販売機の前でジュースを買ってほしいと騒ぐ子どもに対して親が「我慢しなさい」という場合はど

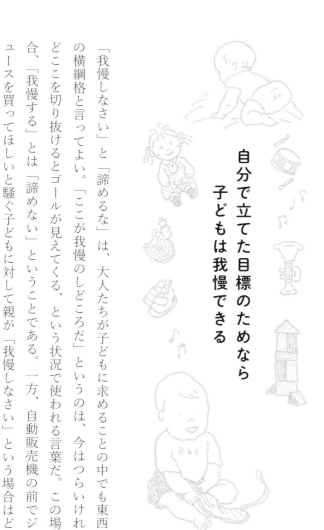

うだろうか？　このときの「我慢する」は、「ジュースを諦める」という意味だ。

このように、我慢には、諦めずに我慢する場合と、諦めて我慢する場合とがある。「我慢する」とは、嫌なことやつらいことと、うれしいことや楽なことがあるときに、後者をとらずにあえて前者を選ぶことである。一方、「諦める」とは、希望、要求、目標を断念することである。将来何かを得るための一時的な我慢は諦めないことの表れだが、将来展望のない我慢はすなわち諦めた印である。

我慢することと諦めないことの両者がうまくかみ合うとよいのだが、実際にはそう簡単にはいかない。子どもでは、将来的な見通しをもって目標を立てることや、その目標を達成したいという気持ちを維持することが難しい。だから、大人からいつも「我慢しろ」と言われて自分の希望が満たされない状態が続くと、将来の展望を失って「自分が何を望んでもどうせかなわない」と諦めてしまう。我慢は比較的簡単にできるが、諦めない気持ちを維持して大人になるのは難しい。

わが国には、「みんなも我慢しているから」という理由で我慢する習慣がある。

学校でこの習慣を教える教師すら存在する。将来どんな目標が達成されるのかが不明確なのに、みんなも我慢しているというだけの理由でただ我慢だけさせるというのは、理不尽だ。我慢せず、みんなでもっと楽しいことやうれしい結果の出るような目標に向かうほうがよほど建設的なのに、と思うのは、僕だけだろうか？　そのほうが意志の強さを身につけやすいと思うのだが。

「みんなも我慢しているから」などの理不尽な理由で我慢を強いる場合、我慢を教えること自体が目的となっている。それは結局、諦めの早い人格形成につながってしまう。我慢は人が教えるものではなく、自分で学ぶものだ。教えるべきは、目標を立てて、その達成のために自分でいろいろと工夫するという姿勢。途中で困難な場面に出合ったとき、本当に必要不可欠だと本人が判断したら、そこで初めて健全な我慢を学ぶことができる。

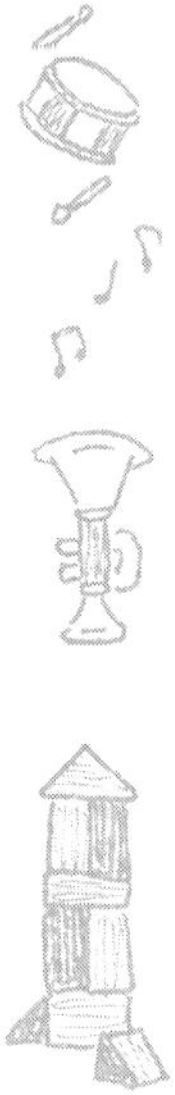

ごほうびでやる気を引き出そうとするのは不健康

子どもたちにとって、クリスマス、正月、そして誕生日は、ほしいものが手に入る貴重な機会である。一方、親たちの多くは、これらの機会を利用して子どもに何かを頑張らせようと画策する。「よい子にしていたら、サンタがほしいオモチャを持ってきてくれる」「毎日ちゃんと勉強すれば、今度の誕生日にほしいゲーム機を買ってあげる」などと、交換条件をつけたくなるのが親の心情である。

大人の社会では、労働に対して報酬が支払われるというのが社会的関係の基本である。Aさんが B さんに仕事を依頼し、B さんが報酬のために自分の時間と労力をさいてその仕事を行う。仕事が終わると、Aさんは希望がかない、Bさんは労働に対する報酬がもらえる。ごく当たり前のことである。

では、同じ図式を親子関係に当てはめてみよう。「毎日ちゃんと勉強すればゲーム機を買ってあげる」という交換条件だと、「親が子どもに勉強するよう依頼し、子どもはゲーム機という報酬を得るために自分の時間と労力をさいて勉強する」という構図になる。これだと、勉強が「親の希望を満たすために自分を犠牲にして行う労働」となってしまう。何かおかしい。

本来、勉強とは親のために自分を犠牲にしてやるものではなく、自分自身のためにやるものだ。自分のために何かを課題として設定するときは、他者からの報酬ではなく課題の達成自体を目標とすべきである。自分で立てた目標に向かって努力してそれを達成したときは、誰かからの見返りなどなくても自信に裏付けされた満足感が得られるものだ。逆に、そのようなときに報酬をちらつかせられると、自分のための課題なのに誰かに頼まれてやっているような錯覚を覚えてしまう。報酬と引き換えに勉強し続けた子どもは、何に対してでも見返りを要求する打算的な性格に育ってしまうかもしれない。

自分で立てた目標を達成したときに、ついでにごほうびがあればなおうれしい。報酬の有無によって子どものやる気が違ってくることも、事実である。プレゼントは、ときどきはあったほうがよい。でもそれは、子どもの喜ぶ顔が見たいという親の純粋な愛情に基づくものというのが本来であろう。親が交換条件を出したくなる気持ちもわかるが、ときにはそんな気持ちをぐっとおさえてプレゼントを渡してみたいものである。

やる気を育てるコツは「少し物足りない感じ」

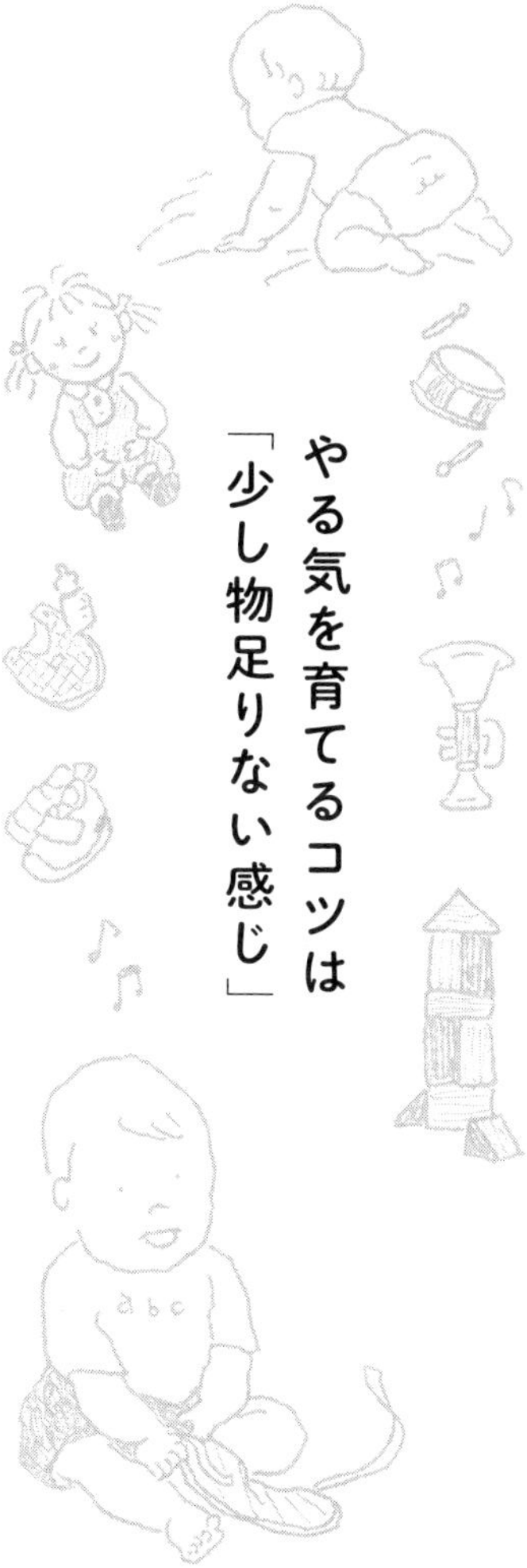

何かを継続したいと思ったら、一回一回を「少し物足りない」と思うくらいでやめておくのがよい。もっとやりたいという気持ちが継続する意欲につながるから。少し物足りないと思うタイミングは、内容によって異なる。好きなことは、始める前から楽しみだし、やっている間も楽しい。かなり長時間やっていても、終わりのときには物足りない気持ちが残る。次回が楽しみで、他のことをやっていると

き、折に触れて楽しかったことを思い出したり、次はどうしようかと想像をふくらませたりする。このようにして、意欲がますます高まっていき、結果として学習が加速する。

一方、嫌いなことは、始まる前から意欲が持てず、やっていても楽しくない。終わりの時間が来るのを今か今かと心待ちにして、終わったらしばらくの間はそのことを一切考えたくない。どんな子どもでも、本人の努力や大人の教え方の工夫ではどうしようもない、相性が悪いとしか言いようのない、大嫌いなものが、必ずある。そのようなものは、ほんのちょっとやっただけでもつらいし、終わるころには「もうこりごり」という感情しか残らない。結果として学習はなかなかはかどらない。

日常生活では、子どもが好きでもないが嫌いとも言えないことが最も多い。そのような場合、大人が誘い方や教え方を工夫することによって、少なくとも拒否感を持つことなく始めることは可能かもしれない。ただ、やらせ過ぎるとだんだんうんざりしてくる。子どもがちょっと興味を示したからといって、大人がしつこく誘ったり教え続けたりしていると、終わるころまでには子どもが辟易《へきえき》してしまい、続ける意欲が萎えてしまう。好きでもないが嫌いとも言えないことを、子どもが「少し物足りない」と思うくらいでやめられるかどうか。そこが、教える大人の技量が最も問われる部分だ。

大好きなことはどれだけ長くやっても物足りなく感じ、大嫌いなことは一分一秒でもうんざりする。好きでも嫌いでもないことは、その中間だ。だから、大人が子どもに何かを教えるときは、個々の課題ごとに、「もっとやりたい」と子どもが思うくらいのところで終えることをいつも考えておく必要がある。好きなことはより長めに、好きでないことは子どもが魅力を感じるよう工夫しながらも、短めに終わらせることが重要だ。学校の勉強も同じ。全員一斉に同じ内容の課題を同じ時間やらせるようなやり方では、多くの子どもから継続する意欲を奪ってしまうので、ご注意願いたい。

あとがき

「ドクター本田の
にじいろ子育て」について

僕は、2010年の秋から3年半ほど、山梨県に勤めていたことがある。そのころ、山梨日日新聞記者の清水悠希さんに何度か取材を受けることがあった。僕の専門である発達障害についての取材が多かったのだが、たんなる知識的なことの取材にとどまらず、育児や教育、さらには地域の活性化といったことまで、多岐にわたって話をさせていただいた。

あるとき、清水さんを通じて、山梨日日新聞で子育てに関する連載コラムを執筆しないかというお誘いがあった。日ごろの診療の中で、子育てや学校教育についていろいろと思うところがあった僕は、面白そうだと思って「やります」と返事をした。その後、文化・くらし報道部の内藤正子さんが担当となり、打ち合わせの結果、コラムのタイトルが「ドクター本田のにじいろ子育て」に決まり、2013年7月10日から月2回の連載が始まった。それから1年もしないうちに、僕は信州大学に移ることになり、山梨から出ることになったのだが、それでもコラムの連載はやめろと言われることなく、2017年8月で連載は100回を超え、今も続けさせていただいている。

この連載は山梨日日新聞のウェブページでも公開していただいており、山梨県内に限らず全国の方に読んでいただけるようになっている。おかげさまで、比較的よいご感想をいただくことが多い。そんな中で、「本にならないのですか?」というお問い合わせをいただくことが少しずつ増えてきた。ちょうど別の本の出版でお世話になった講談社に相談したところ、このような形で出版していただける運びとなった次第である。

連載は毎月第2、第4水曜日で、その前の週の金曜日に原稿を提出することが多い。僕は行き当たりばったりのところがあるので、いつもそのときそのときの思いつきでサッと書いてしまう。だから、連載といっても内容は毎回がオムニバス形式で、赤ちゃんの話題のときもあれば思春期の話題のときもあり、一貫しているわけではない。そこで、これまでに連載してきたコラムを整理し、ある程度共通するテーマを含む原稿をまとめて章立てし直した。この作業過程では、編集者の石川智さんに大変ご尽力いただいた。

こうしてできたのが、この本である。ここに至るまでに、山梨日日新聞の担当も内藤さんから村上裕紀子さん、山本久美子さんへと代わったが、皆さんがとても優しく見守ってくださったおかげで今まで続けることができた。また、本として出版するにあたっては、講談社の三木信子さんにも大変お世話になった。これまで関わっていただいたすべての皆さんに厚く御礼申し上げる次第である。

最後になるが、僕自身は娘が一人おり、もう社会人だ。本当は、こんな子育ての本を偉そうに出せるようなよい親であったという自覚は、僕には全くない。だから連載では、原稿を書くたびに妻と娘にＬＩＮＥで原稿を見てもらい、コメントをもらってから新聞社に送っている。原稿の中にも、妻や娘のエピソードやコメントを使わせてもらったこともある。こうした家族の多大な協力にも、ここであらためて感謝したい。

この本を読んだ皆さんが、型にはまった窮屈で画一的な教育に四苦八苦せず、肩の力を抜いて子どもの個性をよく観察し、楽しく子育てできるようになっていただければ、望外の喜びである。

２０１８年３月　本田秀夫

装画／本文イラスト　奥まほみ
ブックデザイン　桐畑恭子
(next door design)
編集協力　石川　智
オフィス201

本田秀夫　ほんだ・ひでお

信州大学医学部子どものこころの発達医学教室教授。特定非営利活動法人ネスト・ジャパン代表理事。精神科医師。医学博士。

１９８８年、東京大学医学部を卒業。同大学附属病院、国立精神・神経センター武蔵病院、横浜市総合リハビリテーションセンター、山梨県立こころの発達総合支援センター、信州大学医学部附属病院をへて、２０１８年から現職。日本自閉症協会理事。

専門は発達障害の診療。読売新聞の連載記事「子なび・発達障害」、山梨日日新聞の連載コラム「にじいろ子育て」など、新聞各紙で子育てについて情報を発信している。「ＮＨＫスペシャル」などのテレビ出演、全国各地での講演も好評。発達障害を中心とする「個性的な子」の子育て・教育の第一人者として、保護者や保育・教育関係者の信頼を集めている。

主な著書に『自閉症スペクトラム　10人に１人が抱える「生きづらさ」の正体』（ＳＢ クリエイティブ）、『自閉症スペクトラムがよくわかる本』（監修、講談社）など。

健康ライブラリー

ひとりひとりの個性《こせい》を大事《だいじ》にする

にじいろ子育《こそだ》て

二〇一八年 四 月一七日 第一刷発行
二〇二三年 四 月 五 日 第三刷発行

著 者 本田秀夫《ほんだひでお》

発行者 鈴木章一
発行所 株式会社 講談社
東京都文京区音羽二丁目一二―二一 郵便番号一一二―八〇〇一
電話 編集〇三―五三九五―三五六〇
販売〇三―五三九五―四四一五
業務〇三―五三九五―三六一五
印刷所 株式会社新藤慶昌堂
製本所 株式会社国宝社

定価はカバーに表示してあります。 ISBN978-4-06-259869-9

KODANSHA